Елена

Александр Герцен

Елена

ISBN: 979-8-88942-305-8

СОДЕРЖАНИЕ

Елена 1
Легенда 37
Мимоездом 67
Доктор Крупов 71
Сорока—воровка 103
Поврежденный 129

ЕЛЕНА

(А. Е. Скворцову в память Вятской жизни)

"Und das Dort ist niemals hier!"
Schiller, "Der Pilgrim"[1]

I

Спокойно. Я мой век на камне кончу сем. Озеров

В небольшом доме на Поварской жил небольшого роста человек. Он жил спокойно, тихо, потому что не умиралось. Весь околоток любил и уважал его; когда он, по обыкновению, приходил в воскресенье к обедне, диакон ставил себе за обязанность поклониться ему особенно; когда он проходил мимо соседней авошной лавочки, толстый лавочник, удивительным образом помещавшийся на крошечном складном стуле, мгновенно вставал, кланялся и иногда осмеливался прибавить: "Ивану Сергеевичу наше низкое почитание". А Иван Сергеевич, с лицом, на котором выражалось совершеннейшее спокойствие духа, улыбаясь, принимал эти знаки доброжелательства.

Никто не видывал Ивана Сергеевича печальным, сердитым; даже незаметно было, чтоб он старелся. Он являлся на московских улицах здоровым, довольным, счастливым, зимою в теплом сюртуке с потертым бобровым воротником и с палкой из сахарного тростника, летом — в темно—синем фраке и с тою же палкой.

---

[1] И то, что Там, — никогда не бывает здесь! Шиллер (нем.)

"Что это Иван Сергеевич не женится? — говорила часто соседка его, старая генеральша, страшная охотница до архиерейской службы, постного— кушанья и чужих дел. — Право, за него можно отдать всякую девушку: ни одного праздника не пропустит, чтоб не быть у обедни. Редкость в наше время такой человек!

Вот была бы ему пара Анфисы Николаевы племянница". — "Без всякого сомнения", — отвечала проживавшая у генеральши вдова бедного чиновника и которая так же, как и генеральша, не знала ни Ивана Сергеевича, ни. племянницу Анфисы Николаевы. Поступим же лучше и познакомимся с ним. Коллежский советник и ордена св. Анны 2—й степени кавалер, Иван Сергеевич Тильков принадлежал к числу тех людей, которые проводят целую жизнь с ясностью осеннего дня и без дождя и без солнца. Воспитанный некогда у профессора Дильтея в маленьком домашнем пансионе, где был прилежным и благонравным учеником, он образованием своим стоял выше большей части тогдашней молодежи. Сначала его записали в гвардию; тихий, флегматический и не очень богатый, он не мог участвовать в буйной и роскошной жизни своих товарищей. Его сделали полковым адъютантом, и тут он приобрел искреннюю любовь офицеров, потому что не ябедничал на них полковому командиру и не переменял порядок дежурства и нарядов по первой просьбе. Домашние обстоятельства заставили его перейти в гражданскую службу, и, сняв свой невинный меч, он принялся за перо. Служивши советником в какой—то коллегии, он умел сохранить чистоту совести и чистоту рук, читал каждую бумагу от доски до доски и являлся всякий день в 9 часов утра на службу. Теснимый председателем, он, не ссорясь, вышел в отставку, взял с собою чин коллежского советника, орден св. Анны 2—й степени, уважение сослуживцев и спокойствие духа человека, убежденного, что не сделал ничего злого. Но что же ему было делать дома? Он не имел близкого человека, которому мог бы передать думу или чувства, волновавшие его душу; но он не имел и этих дум. Все семейство его состояло из старухи

Устиньи, которая ходила за ним, как за ребенком, и огромной датской собаки, Плутуса, за которой он ходил, как за сыном. Сначала являлась у него мысль, что жизнь его не полна, что нет никого, кто встретил бы его при возвращении в небольшой домик, что на Поварской, кто стер бы пот и пыль не только с лица, но и с души. Мысль эта занимала его несколько времени; он даже намекал об этом Устинье, и Устинья советовалась тайком от него с ворожеею, какая будет невеста.

Трефовая или червонная; но как приступить к такому трудному делу? Между тем время шло, шло, а Иван Сергеевич старелся да старелся. Потом являлась еще другая мысль. У него было душ сто крестьян в Смоленской губернии, из коих пятьдесят платили оброк, а прочие, зная нрав барина, платили только старосте за право не давать ни копейки помещику. Почему ж не ехать в свою деревню, не завести хозяйство, не сеять лозу и клевер, не пахать по—голландски нашу русскую землю? И вот он купил все тома "Трудов Вольного экономического общества". Но какое страшное одиночество! Сверх того, и на это надобно было более решимости, нежели у Ивана Сергеевича было. Что ж делать? Остаться холостым в Москве — это было всего легче, стоило только продолжать жить. Правда, горькие минуты бывают с человеком, который, думая до 45 лет, что из себя сделать, увидит наконец, что уж выбор невозможен и что некуда себя деть, а остается доживать свой век, пока бог грехам терпит. В эти горькие минуты, которые бывали, впрочем, очень редко, Иван Сергеевич брал шляпу, палку из сахарного тростника и отправлялся или гулять до тех пор, пока физическая усталость сделается отдыхом моральной, или к одному из двух—трех знакомых, просиживал там несколько часов и потом преспокойно возвращался домой, где на лестнице ожидал его Плутус, а в горнице — Устинья. Но сутки состоят из 24 часов, и потому за всеми посещениями, за сном, за обедом остается еще много времени; его Иван Сергеевич употреблял на приведение в порядок своих вещей и на чтение. Какая—то египетская стоячесть царила в его холостой квартире: двадцать лет стоял диван, обитый некогда синей бомбой, на одном и том же месте, а перед ним — овальный стол орехового дерева. Двадцать лет на его письменном столе лежала пара старых шведских пистолетов с медными дулами, машинка, которой нельзя чинить перьев, колокольчик, несколько книг и бумаг; один календарь, возрождаясь ежегодно, определял движение времени.

Иван Сергеевич так привык к порядку, что не мог видеть равнодушно какую—либо вещь не на своем месте, то есть не на том, которое принадлежало ей по праву десятилетней давности. Редкие посещения немногих знакомых, мытье полов, вставка рам разрушали по временам этот порядок и давали ему занятие. Он располагал все по—старому и, пользуясь случаем, перетирал пистолеты, отвинчивал замки, мазал их маслом и т. д. Когда ничего уже не оставалось приводить в порядок, он принимался читать сначала "Московские ведомости", потом книги, которых у него было довольно в большом шкафе, близ письменного стола. Он откровенно восхищался Расином и Херасковым, удивлялся смелой фразе только что появившегося Карамзина и, что удивительно, охотнее всего брался за какой—нибудь роман. Сколько раз перечитывал он "Manon Lescaut", "La religieuse" и другие усопшие повествования об усопших людях прошлого века. Впрочем, это понятно: роман некоторым образом заменял ему жизнь действительную.

Таким образом жил Иван Сергеевич, готовясь попасть в тот просцениум Дантова ада, где бродит толпа душ, не имеющих места ни в раю, ни в преисподней. Пожалеем об этих людях, которые провели жизнь без юности, без пламенных страстей, без дурачеств, без мечтаний о славе, любви, дружбе. Правда, их жизнь спокойна, но спокойна, как кладбище; сколько ни было бы доброты в них, но эгоизм прокрадется под конец в сердце. Порицать Ивана Сергеевича нельзя; от природы флегматик, он был встречен беспорядочными нравами прошлого столетия, когда царило суесвятство и полуатеизм Вольтера, ничем не стесняемый прихотливый разврат вельмож и низкое рабство их клиентов. В нем не было той самобытности, которая выносит человека над толпою, ни той пошлости, которая заставляет другого делить с нею ее сальные пятна, и потому он отстранился от людей и мог бы умереть, не сделав ничего доброго, кроме благодетельных попечений о Плутусе, — словом, исчезнуть, "как струя дыма в воздухе".

Иначе судила судьба!

В последние годы прошлого столетия, когда Екатерина, солнце этого полного, пышного века, согревшее всю Русь материнской любовью, нежной, женской, склонялось к западу и садилось в красные тучи, — Устинья с удивлением стала замечать, что Иван Сергеевича чаще не бывает дома, что он иногда забывает кормить Плутуса и при чае откладывать для нее три кусочка сахара. Желая удостовериться в справедливости своего замечания, она переложила на столе пистолеты, и две недели прошло прежде, нежели Иван Сергеевич заметил это нарушение порядка. "Странно", — думала она, качая головою, и не могла догадаться. Наконец Иван Сергеевич воротился однажды домой очень поздно, задумчивый, рассеянный и с заплаканными глазами. Вслед за ним приехала карета, и в ней привезли полуторагодовалого ребенка со всем детским багажом.

Рыдая, прощалась с ним какая—то женщина, одетая в черное платье и повязанная белым платком, целовала руки Ивана Сергеевича, просила, бога ради, не оставлять круглую сироту; потом речь шла о каких—то похоронах, о какой—то свадьбе... Устинья ничего не поняла — она же была крепка на ухо. Вдова бедного чиновника, жившая у генеральши, на другой день рапортовала ее превосходительству о подъезжавшей ночью карете к дому Ивана Сергеевича, о том, что в ней приезжала женщина, что дворник Ефимыч спрашивал у кучера, чья карета и кто приехал, но не мог ничего узнать, ибо карета была наемная. Когда женщина уехала, Иван Сергеевич с величайшей аккуратностью начал учреждать люльку, передвинул диван, который без этого обстоятельства мог бы умереть на своем месте, и просил Устинью ходить за ребенком как можно лучше, а пуще всего — никогда не спрашивать, откуда он, кто он, зачем привезен.

За это он обещал ей двойное жалованье и давно желанную русскую тафту на покрышку вытертого заячьего салопа. Иван Сергеевич заботился о ребенке, как самая нежная мать; всякое утро осматривал он, чисто ли белье, щекотал его подбородок, благословлял его, играл с ним; в день это повторялось несколько раз, и, как бы поздно ни возвращался он домой, всегда подходил к люльке поправить одеяльце, хотя бы оно очень хорошо лежало, и посмотреть на него с любовью. Плутус стал играть второстепенную роль в доме, но, будучи не человеком, он за это не только не съел и не задушил Анатоля, но, напротив, жил с ним по—братски. Когда в гостиной расстилали ковер на полу и пускали ползать маленького Анатоля по правилам, извлеченным Иваном Сергеевичем из "Эмиля", огромный Плутус непременно являлся играть. Анатоль теребил его за уши, за хвост, клал ручонку в его пасть, улыбался ему, целовал его, и никогда тени негодования не было заметно на чрезвычайно важном лице Плутуса; он лизал Анатолю ноги, а пуще всего слизывал с рук его остатки молочной каши. Часто, прижавшись к Плутусу, Анатоль засыпал, и тогда Плутус не дозволял до него дотрогиваться даже Устинье, которую уважал как мать родную. Несравненно смешнее было видеть, как нянчился Иван Сергеевич с ребенком. Не брав отроду маленького в руки, он далеко уступал в ловкости Плутусу, и Устинья всякий раз отнимала Анатоля, который плачевно обращал к ней взор. Иван Сергеевич радовался, что жизнь его имеет пользу, цель, и в день раз десять перекладывал сдвинутые Анатолем вещи.

II

E come i gru van cantando lor lai,
Facenclo in aer di se lunga riga;
Cosi vid'io venir traendo guai
Ombre portate dalla detta briga...[2]

Дант. Dell' "Inferno", C. V

Месяцев за пять или за шесть перед тем, как привезли Анатолия к Ивану Сергеевичу, он встал, по своему обыкновению, в 7 часов утра, облекся в халат вердепомового цвета, сшитый из платья покойной его матушки, старинной шелковой материи, которая не имеет свойства изнашиваться, и закурил с особенным удовольствием с вечера приготовленную трубку. Плутус, зевая и потягиваясь, ласкался к нему; Устинья принесла на маленьком подносе кофейник и чашку. День был ясный. Иван Сергеевич чувствовал себя довольным и счастливым; он хотел попользоваться, может, последним хорошим днем в году и задумал идти в Дворцовый сад, жалея только, что для этого ему надлежало отказаться от обоих товарищей своих прогулок: от Плутуса и от палки из сахарного тростника. Так—то удовольствия человеческие никогда не обходятся без лишений. Вдруг кто—то застучался в дверь. Устинья пошла посмотреть и воротилась с письмом в руке. "Лакей в богатой ливрее принес его и ждет ответа", — "Пусть подождет", — сказал Иван Сергеевич с своим удушающим спокойствием и начал наливать кофе в чашку. Устроив свой

---

[2] И как журавли летят с унылыми песнями,
образуя в воздухе длинный строй, так, увидел я,
летели со стонами тени, несомые этим вихрем...
Из "Ада", песнь V (итал.)

завтрак, систематически размочивГдля Плутуса кусок белого хлеба в сливках, он прочитал записку, вышел в переднюю, сказал лакею: "Доложи князю, что буду в назначенное время" — и воротился допивать кофе, бормоча: "Странно, на что я этому повесе? Устинья Артамоновна, вычисти—ка хорошенько кафтан да приготовь глазетовый камзол, тот, что надевал в Успенье".

В небольшом кабинете, перед большим письменным столом, на вольтеровских креслах сидел молодой человек лет 28. Все формы его выражали атлетическую силу тела, так, как все черты лица — порывистую душу. Он был в халате, обнаженная грудь подымалась сильно, темные волосы едва виднелись из—под бархатной шапочки.

Юное лицо летами было старо жизнию; страсти и перевороты оставили на нем резкие следы. Протянув ноги на мягкую подушку, он задумчиво чертил пером бессвязные фигуры и несуществующие буквы. Стол был завален бумагами и книгами; смотря на них, трудно было догадаться, что за человек князь: проекты государственных перемен, фасады церквей, сельских домов, конюшен, отчеты из деревень, прейскуранты из магазинов, выписки из романов и выписки из Локка, из Монтескье, множество нераспечатанных писем и несколько начатых ответов. Подле лежал развернутый том Шекспира; казалось, он читал его недавно. Весь каби—нет был продолжением этого стола, или, лучше, стол был сокращением этого кабинета. На полу стояли превосходные картины, иные в богатых рамах, иные без рам, многие обернуты к стене; несколько ваз красовалось без симметрии — одна на окне, другая на мраморной тумбе, третья на камине; большие бронзовые часы Нортона спокойно отдыхали незаведенные, и груда книг, большею частью английских, смиренно лежала на ковре, которым был обит весь пол. Прислонившись к стрне, стоял заржавевший кухенрейтер; черкесский кинжал висел возле каких—то остатков астролябии; наконец, бюст Сократа со вздернутым носом и бюст кардинала Ришелье с повислыми щеками смотрели друг на друга, отделенные темным мраморным Приапом с козлиной ногой, с козлиной бородой и с сладострастным выражением.

Вскоре князь бросил перо, облокотился на обе руки и неподвижно вперил свой взор на висевший перед его глазами вид Венеции. Смотрел ли он на него или нет, не знаю, но скорее нет, ибо видно было, что он чем—то очень занят. Цвет лица его менялся, и он часто проводил рукою по лбу, как бы желая отогнать думу или стереть воспоминание. Тихо отворилась дверь, и взошедший камердинер доложил о приходе Ивана Сергеевича. "Проси", — сказал князь, не переменяя положения, и через минуту взошел Иван Сергеевич с своим спокойным видом, на который князь бросил взор зависти и упрека.

— Чему обязан я, что ваше сиятельство...

— Бога ради, к стороне эти церемонии. Мне есть до вас просьба: вы можете меня облагодетельствовать, мне нужен благородный человек, а я знаю вас, несмотря на то, что мы редко видимся. Вы любили моего отца, он много сделал для вашего семейства, теперь вы можете воздать сторицею... Не отвечайте ничего, невозможного я не требую, я не сумасшедший. Прежде всего вы должны выслушать полную исповедь; я буду откровенен, и ежели тогда вы откажетесь помочь мне, то вы уже решительно не человек.

Удивленный Иван Сергеевич приготовлялся слушать, а князь указал ему стул с другой стороны стола, опустил глаза и долго искал, с чего начать. Казалось, он обдумал, как и что ему сказать, и именно поэтому растерялся в ту минуту, когда надлежало говорить.

— Вы знаете, — начал он, — какая блестящая карьера ждала меня по возвращении из Оксфорда. Императрица любила моего отца, она знала мои способности, она приняла меня милостиво. Я, юноша свежий, не зараженный старыми предрассудками, не скованный нелепыми формами, я понимал мысль великой Екатерины; я понимал, что ей надобно человека, через которого разливалась бы святая воля ее, и хотел сделаться им. Потемкин — это был мой идеал; поэт в гордости, поэт в роскоши, исполненный колоссальных идей и женских капризов, смесь Азии и Европы, как сама Русь; сатрап восточный и непокорный вассал феодальный, — его жизнь мне представлялась какой—то поэмой, мировой, высокой...

Горе тому, кто мечтал о власти, — у него в душе пропасть, которую ничто не может наполнить. Судьба баловала меня, я видел начало исполнения моей пламенной мечты, и вдруг эта ссора... Я должен был заступиться за честь моего отца; история довольно известная. Подлый, обыкновенный человек из толпы заплатил клеветой моему отцу, извлекшему его из грязи. Я восстал. Презренный уступал мне в глаза, несколько раз предлагал мне мириться, но я осыпал, душил его насмешками и колкостями. Он был силен.

Императрица поверила, что я буйный, неугомонный, дерзкий мальчишка... Нет, она не поверила, — надобно раз видеть ее, чтобы знать эту душу небесной благости, это сочувствие всему сильному и благородному, — но все старики были против меня: они ждали от меня поклонения, ждали, чтоб я являлся в праздничные дни смотреть, как их лакеи метут пол в зале, и потом слушать пошлые афоризмы об обязанностях, о службе, о поведении. Я смеялся над ними, советовал лечить подагру и, боясь беспокоить, не ездил к ним ни в их залы, ни в их домовые церкви, ни в их кабинеты. Коротко, мне приказано ехать в Москву, будто для устройства деревень, со всеми знаками гнева и немилости. Я был обижен, оскорблен, половина мечтаний лопнула, сердце обливалось кровью. Злодей этот, дурак, приезжал прощаться со мною, уверял меня с улыбкой, что ему очень жаль, что я еду, хвалил, что я принялся за хозяйство, уверял, что мне в Москве будет весело жить, что он бывал у моего отца на прекрасной даче, что в Москве климат лучше, что я поправлю здоровье, особенно нервную раздражительность, которую, вероятно, я привез из сырой Англии... Доселе удивляюсь, как я не выбросил его в окно, не растоптал ногами. Делать было нечего; скрипя зубами, отправился я в Москву. Но в Петербурге осталось все мое существование. Слыхали ли вы о польской генеральше, которой муж был убит после Тарговицкой конфедерации и которого семейство призрела императрица? Никогда мысль любви не проникала в мою душу, оледенелую от самолюби.я. Но дочь этой генеральши, — я вам ничего не могу сказать, вы не поймете меня, — это ангел, это существо выше земных идеалов поэта, это существо, которое одно могло бы примирить Тимона с людьми, святое, высокое...

Он замолчал; видно было, как трудно ему говорить об этом. —

Я не говорил ей о любви моей и не знал, любил ли ее; не знаю, смел ли любить... Я приехал в Москву. Как бешеный волк, ходил я по этим пустым комнатам, перебирая мысли мщения и отворачиваясь от своего бессилия. Надобно было чем—нибудь заглушить обманутое самолюбие, наполнить кипящую страсть деятельности, и мне ничего не оставалось, кроме разврата. Меня окружила толпа друзей, и я проводил дни и ночи за стаканом шампанского, в объятиях развратных женщин, за зеленым сукном. Я тушил в своей душе все хорошее, все высокое и радовался успеху, радовался, что вся Москва говорила о моих затеях, но душа не могла померкнуть так скоро. Голос сильный кричал мне и при понтировке, и в чаду вакханалий: "Опомнись!", и тогда я обращал кругом себя грустный взор, потухавший от разврата, искал сочувствия и встречался с бесчувственным взором толпы. Я готов был броситься на грудь первому человеку, перелить в него все мучившее меня; но мне представлялась грудь нимфы, еще не остывшая от поцелуев другого, и я отворачивался с ужасом. Иногда, как путеводная звезда, как блестящий Геспер, который так вольно купается, играет в океане восточного света, являлась мысль любви, но бурные тучи страстей закрывали ее. Если б я знал, что я люблю, что я любим, если б... но я не знал, а знал, что люди обидели меня, лишили поприща, и я хотел мстить им, губя себя в чаду нечистых страстей... Так прошло около двух лет. Зачем природа дала мне столько сил, что я перенес эти два года?! Если б, изнуренный, больной, я погас, гораздо б лучше, — тогда б я погиб один!.. Я никуда не ездил, пренебрегая пустым кругом московской знати, которая тоже воображает, что она что—нибудь значит, в то время как вся деятельная сила сосредоточена там, у трона, там, где мне нельзя было быть, откуда меня вытолкнули. Не знаю как, один из приятелей затащил меня на вечер к своей бабушке, чтоб потешить глупостью полупровинциального тона, царившего в этом доме. Меня приняли на коленях, — разумеется, не меня, Михаила Петровича, а мое состояние, мое родство, мою фамилию. Да будет проклят этот день! Там познакомился я с одной бедной девушкой, жившей в этом доме, и нашел эту душу, которую искал, которая поняла меня. Скупая старуха, ее тетка, мучила племянницу; она была угнетена, жила из милости, очень несчастно; мне было ее жаль от души. Она со всею доверенностью юности бросилась в мои объятия и нашла в них не спасение, а гибель... Тяжело признанье, скорей к концу. Она живет у меня в Поречье, и ее же родственник помог мне погубить несчастную. Вся жизнь этой девушки — любовь ко мне, а я... Но нет, ей—богу, я не виноват!

— Мой пылкий характер, мое сломанное бытие... я увлекся и опомнился слишком поздно...

Он опять остановился, — тяжко было ему. Он позвонил, и камердинер явился в дверях. "Бутылку вина и два стакана", — сказал он и, опрокинув голову на спинку кресел, с видом человека, которого угрызает совесть, молчал. Принесли вино, шампанское заискрилось. Иван Сергеевич схлебнул и поставил перед собою стакан. Князь выпил два с какою—то жадностью и, судорожно улыбаясь, сказал: "Вы, верно, думаете теперь, что я хочу женить вас?

Ха—ха—ха!" Иван Сергеевич не отвечал ничего и прямо смотрел в глаза князя. Князь не выдержал и, покраснев, потупил глаза.

— Да, на чем же я остановился? — продолжал он после минутного молчания.

— Ну, довольно сказать, государыня приехала в Москву, небесная доброта простила меня, мне снова разрешили приезд ко двору. Вместе с государыней приехала и генеральша с дочерью. Один ее взгляд решил мою судьбу. Та — земля, страсть человеческая, это — небо, страсть божественная; нет, не страсть, страсть — что—то низкое. И я любим ею, и через месяц или два я муж ее! А Елена... Боже, неужели эта душа должна погибнуть?..

Мне следовало бы сказать ей, но это все равно, что подать стакан яду, — а должно быть, страшно угрызает совесть убийцу. Двадцать раз я решался намекнуть ей, показать холодность, приготовить, но нет, нет возможности, нет сил, и я играю роль низкую, подлую, повинуясь какому—то гибельному року. Это заколдованный круг, из которого не могу выйти; душа судорожно силится разрушить его, не может и, утомленная, влечется в эту пропасть, на дне которой чудовище с укоризненным взглядом. Я думал перестать к ней ездить, — опять нельзя. Дня три пройдет, и она пишет мне письмо, и каждое слово так полно любви, так клеймит меня позором, что мне ничего не остается делать, как ехать, тем более что она догадывается, да и как не догадаться взору любви! Иван Сергеевич, спасите ее, бога ради, спасите ее и... малютку! Как и что — я вам объясню; ничего от вас не требую, кроме доброй воли, кроме попечений об ней, когда она узнает. При отъезде я вам вручу ломбардные билеты, — только, бога ради, не откажитесь. Теперь, как только смеркнется, я поеду с вами к ней в Поречье.

Гордый князь смотрел на Ивана Сергеевича просящим, умоляющим взором. Старик, в первый раз попавший с поверхности жизни в ее клокочущие глубины, был тронут; лицо его отвечало ясно, он подал князю руку, но в то же время думал: "Вот куда ведут необузданные страсти". И князь, уничтоженный в другой раз перед человеком, которого он подавил бы при всяком другом обстоятельстве, угадывая мысль его, сказал, глубоко вздохнувши:

— Старик, в твоей груди ничего не билось, не кипело подобного; твоя жизнь шла, как скучные туры бостона; но вспомни, что не у всех в жилах рыбья кровь, что жизнь иного идет, как талия бешеного штосса.

Между тем темнело. Камердинер подал свечи, и князь, как бы проснувшись от сна, поднял голову и, щуря глаза от света, сказал:

"Тройку гнедых в линейку, и чтоб ехал Сенька!" Иван Сергеевич молчал. Князь вскочил и начал ходить в сильном волнении.

— Фу, как я гадок, низок в собственных глазах! — говорил он, терзаемый жестоким чувством сознания. — И я мечтал о славе!

Но виноват ли я, что вместо крови мне влили огонь в жилы? Не виноват?..

Я, погибающий, искал спасителя, она явилась мне с любовью, с состраданием, и я полюбил ее... Что вы скажете о человеке, который откусит руку, подающую ему милостыню? Что? Слова нет, как его назвать, потому что тут физическая боль, тут кровь, тут улика. Но искусай, убей нравственно душу благодетеля — и уголовная палата предаст воле божией случай его смерти и тебя освободит от суда и следствия... Кто это сказал, что от поцелуя любви ложной, от обманутой женщины до ножа убийцы один шаг?

Кто? А может быть, никто и не говорил, но всякий мог бы сказать, потому что это правда!.. А это невинное создание, которое не будет иметь ни отца, ни матери... Пуще всего, чтоб он никогда не знал, кто его отец, никогда! Я возьму с вас присягу. Проклятие сына ужасно: его нельзя вынести человеку... Но к чему все эти осторожности? Разве проклятие посылается по почте и ему нужен адрес?

Глупец!.. О, как торжествует теперь эта толпа, подстрекнувшая меня, сгладившая мне дорогу пасть и увлечь за собою существо, рожденное для блаженства, для счастья! Она воображает, что стянула меня в свою удушливую сферу. Нет, любезные, ошиблись!

Я пал, глубоко пал в эту пучину, в которой вы сидите с головою, но я все выше вас, хотя и истерзан и преступен... Вот забавно — они виноваты, а я прав! Они виноваты, указавши мне прелестный цветок, а я, сорвавший его для того, чтоб упиться на минуту его благоуханием, я прав. Будто цель жизни этого цветка — рассеять мою тоску, мою обиженную гордость.

Самолюбие, проклятое самолюбие — вот где начало всех гнусностей, а я виню их. Смех, ей—богу смех! Скоты эти сами не знают, что делают; им достался стебелек от плода познания, а я могу ли извиняться тем же? Я знаю, что я должен казаться вам теперь ужасно гнусным, преступным, а я понимаю, что душа не пала, я готов все, все сделать, чтобы поправить, все возможное!

— Князь, — сказал Иван Сергеевич, — об этом надобно было думать прежде. Вы правы, я не испытал ничего подобного и благодарю за это бога. Теперь делать нечего, прошедшего не воротишь, поищем средства поправить.

— Едем, пора! — сказал князь, еще раз уничтоженный спокойствием и чистотою Ивана Сергеевича.

Верстах в десяти от Москвы была одна из тех пышных дач, куда встарь ездили наши бояре villeggiare[3], где они давали праздники для целого города, где знакомый и незнакомый находил привет и угощение. Нынче эти дачи опустели, и юноши, ходя по лабиринту гостиных, кабинетов, будуаров, с гордостью смотрят на треснувшие стены, на картины, исцарапанные штыками французов, на чернеющую позолоту, на дождевые струи, просасывающие потолок, как на

[3] Пожить за городом (итал.)

иероглифы падающего века, расчищающего им место, и как бы с презрением попирают полы, на которые едва смели ступать их деды и отцы. Эта дача принадлежала князю, но князь никогда не давал там праздников; она была почти заброшена, но, несмотря на то, знали, что он ездил туда нередко, и зимой и летом. Были об этом толки; однако ж в его присутствии никто не смел ни намекнуть, ни спросить.

На дворе было холодно; осенний ветер дул беспрерывно с запада, нанося фантастические тучи с белыми закраинами и равно препятствуя светить луне и идти дождю —или снегу. Наконец он оторвал ставень одного окна, и слабый свет, проходивший сквозь зеленую шелковую гардину, осветил колонну. Если б тогда ктонибудь стал на цоколь колоннады, то увидал бы все, происходившее в комнате, в щель, не захваченную гардиной. Но в те времена не было уже людей, пользовавшихся незадернутою занавесью, неосторожно свернутой запиской, щелью в дверях, болтливостью слуги, — людей, очень нужных Бирону и совсем ненужных Екатерине, — и потому никто не выжидал падения ставня, никто не взлез на цоколь колоннады и не смотрел в окно, а стоило бы взглянуть и поэту, и артисту, и великому человеку с душою.

Окно это принадлежало небольшому будуару, обитому полосатым штофом и украшенному всеми причудами XVIII столетия.

Тут были и кариатиды, поддерживающие огромные зеркала, и канделябры из каких—то переплетенных уродов, похожих с хвоста на крокодила, а с головы на собаку, и этажерка с севрскими и саксонскими чашками, которые смотрелись в ее зеркальные стенки, и амур на коленках, точащий стрелу о мраморную доску, и ченерентолин[4] башмачок вместо чернильницы, и фарфоровая пастушка с корзинкой, и фарфоровый пьяница с бутылкой, и китайские блюдечки, и японские вазы для цветов. Между этими безделушками были

---

[4] Золушкин, от cenerentola (итал.)

разбросаны другие безделки, принадлежавшие женщине, говорившие о ее молодости, о нарядах, о красоте, о юности, о любви.

К самому окну были придвинуты пяльцы, возле дивана маленький столик, и на нем бриллиантовый браслет с мужским портретом, и на стене портреты того же мужчины в разных костюмах. На одном он был представлен верхом в черкесской, на другом — в кастильской одежде, на третьем — завернутый в какую—то мантию или тогу a la grecque[5]. На диване лежала женщина лет 22, прелестная собою.

Густые, темные волосы, зачесанные по—тогдашнему вверх, открывали белое, как слоновая кость, чело; темно—голубые глаза горели любовью. Просто и роскошно была она одета, во всем выражалась женщина любящая. Возле нее, на мягкой бархатной подушке, лежал ребенок месяцев десяти, и она не спускала с него глаз. Она беспрестанно вставала, то становилась на колени перед подушкой и молча смотрела на него с избытком чувства, возможным только матери, то прижимала его к груди, целовала ему ножки, ручки до того, что ребенок плакал, то пряталась от него и приходила в восторг, когда замечала, что он ее ищет, то говорила с ним, кокетничила перед ним и чуть не прыгала от радости, когда он улыбался. Как счастлив должен быть отец этого ребенка! Только та мать так любит детей, которая страстно любила отца их; она в ребенке продолжает любить его, это — апофеоз самой любви их. Но отец этого ребенка не был счастлив.

— Погодите здесь, — сказал князь Ивану Сергеевичу, вводя его в гостиную, и пошел далее. Дверь в будуар была полузатворена, и он остановился перед сценою, которую мы сейчас видели. Князь был поражен, слезы навернулись на глазах, и сильно забилось сердце его. Дверь скрипнула; женщина обернулась, крик восторга вырвался из груди ее, и в одно мгновение она повисла на шее князя, осыпая поцелуями мужественное и гордое лицо его.

---

[5] В греческом духе (франц.)

— Сегодня я тебя никак не ждала. На дворе такой холод, ты иззяб! — И она схватила его белую, стройную руку и старалась отогреть ее поцелуями. — Знаешь ли, что ты уж две недели не был у меня? Но я не сержусь. Двор в Москве: тебе много хлопот. Ну, что императрица?.. Да ты что—то мрачен? Посмотри, как мил наш Анатоль: он сегодня целый день не плакал, ручонку сам протягивает...

И она подвела князя к дивану. Он взглянул на ребенка и на нее с каким—то состраданием, но всякий мог бы заметить, что в эту минуту он один заслуживал сострадания.

— Елена, я приехал обрадовать тебя, — сказал он, стараясь как можно реже встречать ее взор, — императрица простила меня, велела приехать в Петербург. Душевно жаль, что я решительно не могу взять тебя с собою, но я скоро опять побываю в Москву. Будь тверда, душа моя, пиши ко мне обо всем, что нужно.

Глаза Елены омрачились; из—за слов князя выглядывало для нее что—то чудовищное, ужасное. И почему он говорит не так, как прежде, и почему нельзя ей ехать в Петербург, и зачем же он едет, если ей нельзя, и что это — писать обо всем? будто ей есть о чем писать, кроме любви, — неужели о своих нуждах? как будто у ней есть нужды, кроме потребности любви? Еще в прошлый раз она замечала в нем что—то необыкновенное, принужденное; зачем —взор его задумчиво простирался вдаль, когда она была возле него, когда он должен был окончиться на ее взоре?.. Ей сделалось страшно, она заплакала.

— О, ради бога, не плачь! — воскликнул князь с жаром, увидав ее слезы.

— Умоляю тебя, мой ангел, моя Елена! Каждая слеза твоя падает растопленным свинцом на мое сердце. Не мучь меня, и так душа моя разбита, и ты отравляешь минуту радости, которую я ждал целые годы. Зачем подошла ты так близко к моему существованию? На мне проклятие, я гублю все, приближающееся ко мне. Я, как анчар, отравляю того, кто вздумает отдохнуть под моей сенью!

— О, я не раскаиваюсь, — перебила она его. — И если в самом деле счастье закатилось для меня, воспоминание минут, в которые я полной чашей пила блаженство, выкупит все последующие страдания. Я и в мраке буду вспоминать солнце, светившее, гревшее меня, но и это недолго...

— Недолго? Отчего недолго? — спросил князь, и лицо его побледнело, и он судорожно схватил опахало, лежавшее на диване, и изломал его.

— Оттого, что я умру без твоей любви, — отвечала Елена.

— О, женщины! — сказал князь, отирая пот, выступивший на лице его.

— Ты, верно, думаешь о какой—нибудь сопернице? Кто сказал тебе, что я люблю другую?

— Кто? — прошептала Елена, и горькая улыбка мелькнула на устах ее.

— С чего ты взяла, что я перестал любить тебя? Мне надобна деятельность, мне надобна слава, власть, и потому я еду. А ты, ты хочешь на прощанье отпустить со мною угрызения совести, ужасную мысль, что я могу быть твоим убийцей, что тень твоя будет являться мне, как тень Банко Макбету средь пира, средь...

Он остановился. "Не так говорил он прежде, — думала Елена. — Будто слова лжи могут жечь кровь, будто глаза могут выражать, чего нет в душе? Тогда его не манило другое поприще; впрочем, ведь и прежде случались с ним минуты грусти, и, может быть, я обвиняю его напрасно".

— О, какой же ты чудный, Мишель! — говорила она, подавляя возникшее подозрение. — Успокойся, ради бога, успокойся! Ну, как не стыдно?! Я ведь ребенок, болтаю сама не знаю что. Тобою овладел опять злой демон, который заставлял тебя скрипеть зубами в моих объятиях тогда, как я была вся блаженство. Я радовалась, думала, что он исчез, а вот он опять явился. Какой он гадкий, этот демон! — прибавила она, целуя князя в глаза.

Князь сидел неподвижно в углу дивана. Елена оперлась локтем на его плечо.

— Да что же ты сегодня, как египетский истукан, неподвижен и вытянут? Перестань же сердиться; ну пусть я виновата — ты знаешь, я сумасшедшая. Перестаньте же, ваше сиятельство, будьте же сколько—нибудь учтивы! Притворная веселость Елены оживила князя; он взглянул на нее взором благодарности и снова погрузился в прежнюю мрачную задумчивость.

— Помнишь ли, — продолжала Елена, ласкаясь к нему, — помнишь ли, что завтра тринадцатое сентября?

— А что такое тринадцатое сентября?

— О, холодный человек! Он не помнит! Прекрасно, ему этот день ничего не представляет! Нет, мужчина никогда не может любить так пламенно, так ярко; а я завтра весь день буду праздновать, и ты — святой, ты — бог этого праздника! Да не 13—го ли сентября у моей тетушки ты увидал меня в первый раз? Ты можешь забыть этот вечер, но я, я никогда не забуду его! Я помню все, все: и как ты взошел, и как ты взглянул на меня, и как ты спросил у сидевшего подле тебя: "Кто эта прелестная брюнетка с голубыми глазами?" Я задыхалась, я думала, сердце разорвется у меня; тут только я поняла, что такое жизнь, любовь! Ты заговорил со мною, я отвечала бог знает что, но зато как глубоко врезались в мою душу твои глаза, сверкающие умом и страстью, твои черты, одушевленные, восторженные, совсем не похожие на эти обыкновенные лица. А помнишь ли 20—е ноября?

Тут лицо ее вспыхнуло еще более, и она скрыла его на груди князя, целуя ее и повторяя: "О, как много, много я люблю тебя!" Терзания князя были ужасны.

— Мишель, — продолжала Елена, приподняв через несколько минут голову, — за что же ты давеча сердился, когда я заговорила о смерти? Не счастие ли умереть теперь на твоей груди, воспоминая нашу встречу? Что может еще мне дать жизнь? Я благословляю судьбу свою, благословляю встречу с тобою. Что была бы я, если б ты не дунул огнем в мою душу, если б ты мне самой не открыл ее, если б ты не показал мне все прекрасное на этой земле?

Безжизненная вещь, проданная в жены какой—нибудь другой вещи. И разве не провидение бросило меня в твои объятия? О, сколько раз, поверженная на полу перед образом спасителя, я молилась, чтоб он мне дал силу противостать обольщению! Но нет, я не могла, я летела, как мотылек к огню. Я насладилась всем земным, теперь я могу умереть... Нет, нет, что я говорю?! Я не хочу умирать! Кто же будет ходить за Анатолем? И сколько радостей ждет меня еще в будущности! Я увижу еще тебя в блеске, в славе, ты будешь министром, фельдмаршалом, я тебе пророчу это, и тогда—то, когда все будет греметь о твоих подвигах, когда ты пойдешь от торжества к торжеству, окруженный целым двором, при звуках литавр, когда ты будешь празднуемый победитель, герой, не знаю что, — не блаженство ли знать, что этот великий любит меня, простую девушку, что для того, чтоб провести со мной несколько часов, он много раз ходил пешком в метель, зимою, целые две версты...

Глаза князя горели, его властолюбивая душа упивалась этой картиною, столь близкою мечтам его и набросанной с такою детской наивностью.

— Но если середь торжества я тебя увижу не одного?..

— Как? Ты еще не оставила этой вздорной мысли?!

— Чему же дивиться? Тебе надобно же жениться, тебе императрица прикажет. Ну что ж, Мишель, лишь бы ты не любил ее.

Пусть ей принадлежит твое имя, твой блеск, а мне — одна твоя любовь; тогда—то ты увидишь, как искренно и глубоко я люблю тебя.

Я очень знаю, что я не могу быть твоей женой, мне это не нужно, лишь бы не отнимал ты любви своей! Да и поймет ли какая—нибудь фрейлина, бледное, безжизненное растение, принужденно выращенное в оранжерее, твою огненную душу?

— Ну а если поймет? — сказал князь с каким—то сардоническим смехом.

— Тогда бог не оставит сироту, Анатоля.

Князь содрогнулся. Страшная мысль о ее смерти промелькнула снова, как призрак, перед его глазами.

— Мишель, возьми меня с собою! О, я буду счастлива там, где ты! Спрячь меня куда—нибудь в глухую улицу, только лишь бы не быть в разлуке. А здесь — ну что я буду делать? Я буду больна, буду грустить, а там мне будет весело.

— Нельзя, право, нельзя. Ты сама не просила бы этого, если б знала, какую жизнь должен я вести теперь, как всякий шаг мой будут выглядывать. Да, кстати, душа, я привез с собою одного приятеля: через него мы будем переписываться; к нему я имею полную доверенность, ему я поручил тебя и Анатоля. Позволь же его позвать — он ждет в гостиной.

— Да когда же ты едешь?

— Еще недели через две. Я хочу только, чтобы вы познакомились. Он чудак, но человек преблагородный, и надеюсь, что моя рекомендация, — прибавил князь шутливым тоном, — важнее, чем рекомендация всего рода человеческого.

— Где же он? — перебила Елена и бросилась к трюмо поправлять волосы. Князь встал, накинул на Елену шаль и, отворив дверь, сказал громким голосом: "Иван Сергеевич, пожалуйте сюда". Иван Сергеевич взошел.

— Смотри, смотри невесту, — говорил молодой человек, толкая товарища. — Что за поэзия в ее взоре, что за небесное выражение в лице! И эта пышная легкая ткань, едва касаясь ее гибкого стана, делает из нее что—то воздушное, неземное, отталкивающее всякую нечистую мысль.

— C'est l'Helene de Menelas[6], — отвечал тот громко тогдашним языком.

— Боже, какой ангел достается князю!

— Ведь у него, матушка Ирина Васильевна, в Москве—то на даче живет немка ли, тальянка ли, — говорила старая старуха в нарядном чепце, с лицом, похожим на кофейник, своей соседке, которой лицо даже и на кофейник не было похоже, и говорила так громко, что князь, бледный как полотно, обратился к шаферу и, сам не зная, что говорит, сказал: "Мне дурно".

— Немудрено, такое множество набилось в церковь, духота страшная, — отвечал шафер, лейб—гвардии Преображенского полка капитан, весь облитый золотом, тем решительным тоном, которым светский человек объясняет душевные волнения, а школьный ученый — явления природы, не понимая их внутреннего смысла.

В знакомом нам будуаре, на том же диване, где пламенная Елена сгорала в объятиях князя, лежала она в обмороке. Цвет лица ее был не бледен, а был как мрамор; изредка, минут через двадцать, захлебывалась она, так сказать, воздухом и потом опять оставалась бездыханна, как труп. У головы ее сидел знаменитый Фрез в напудренном парике, в шелковых чулках и башмаках с бриллиантовыми пряжками. В его глазах было больше, нежели мы ждем в глазах доктора. Он смотрел на нее беспрерывно, замечая малейшие изменения, иногда подносил к ее носу склянку нашатырного спирта, но, не видя никакого действия, пожимал плечами. Иван Сергеевич, исполняя, как от

---

[6] Это Елена Менелая (франц.)

души честный человек, поручение князя, стоял тут же, то щупая, не простыл ли сельтерский кувшин, завернутый в салфетку и приложенный к ее ногам, чтоб согреть их, то прикладывая к ее голове полотенце, обмоченное в уксус и холодную воду. Грудь Елены была раскрыта, и горничная терла ее фланелью. Какое—то гробовое молчание царило в горнице, только издали доносился иногда слабый плач ребенка да однозвучный голос убаюкивавшей его няньки. Это было зимою, но день был ясен и тепел; солнце, усиленное снегом, ярко проникало зеленую занавесь, и вода журча капала с капителей на каменный балкон.

Наконец Фрез встал, вынул часы и сказал:

— Странно, очень странно; теперь второй час в исходе, а ей нисколько не лучше, а я приехал часов в девять. А когда это началось?

— Вчера в четверть десятого, — отвечал Иван Сергеевич, — и продолжалось всю ночь. Фрез взял ее руку, которая лежала как какая—нибудь вещь, как отрубленная ветвь, и, развязав повязку, сказал: "Посмотрите, четыре часа лежали синапизмы, и даже ни малейшего следа, а ведь уж тут просто химическое действие".

— Уж, знать, как сердце болит, так где помочь вашим латинским снадобьям, — бормотала горничная.

— Regardez Fignorance du bas peuple[7], — сказал Фрез, обращаясь с улыбкою к Ивану Сергеевичу. — Et apres cela faites leur accroire que nous ne sommes pas des charlatans[8], — впрочем, мне пора ехать. Проклятая даль этой дачи, — в семь часов я приеду. Вы, верно, подождете меня, Иван... Иван Степаныч, — прибавил он, взяв шляпу.

— Ведь вы—то, батюшка, русские, — сказала горничная, когда

---

[7] Вот невежество простонародья (франц.)

[8] И после этого попробуйте убедить, что мы не шарлатаны (франц.)

Иван Сергеевич, проводив доктора, возвратился в комнату. — Позвольте, я вспрысну барышню богоявленекой водой: право, лучше будет, велика ее сила... Ах, Елена Павловна, василек, серпом подрезанный, не встать тебе, сердце говорит, не встать, родная! А душу б свою отдала за тебя. Ангел была во плоти, грубого слова не слыхали мы от нее. Бывало, день—деньской сидит себе, как павочка, с Антоном Михалычем, и своей грудью кормила его. "Не хочу, говорит, чтоб пил чужое молоко". Позвольте же вспрыснуть?

— Пожалуй, — сказал Иван Сергеевич, — хуже от этого быть не может. Горничная принесла скляночку с водой и бросилась на колени перед иконою богоматери; слезы катились из глаз ее, она молилась о ближнем. В эту минуту эта простая девка была высока!

Не думайте, чтоб их грубые религиозные понятия препятствовали им молиться. Помолившись, она взяла в рот святой воды, три раза перекрестила больную и, глядя на нее с полным чувством веры, прыснула ей в лицо. Елена вздрогнула, вздохнула несколько раз сильно и раскрыла глаза, мутные и без всякого выражения, посмотрела с недоумением на Ивана Сергеевича; глупая, стоячая улыбка показалась на устах. "Пить", — пробормотала она едва внятно. Ей подали мятной воды. Едва хлебнув, она отворотилась и сказала: "Ах, как мне спать хочется, так сон и клонит", — и опять закрыла глаза. Но дыхание продолжалось, а лицо загорелось слабым румянцем.

Горничная в восторге целовала ее ноги и с детской радостью говорила: "Не сказывайте только этому немцу, а то ведь он же надругается над нашей святыней... Да вы еще и не кушали, Иван Сергеевич; ступайте, в той горнице я приготовила вам обед, а я побуду здесь".

Иван Сергеевич был душевно рад; камень свалился с плеч, он пошел в столовую и при первой ложке супа подумал: "Не забыла ли Устинья покормить Плутуса?"

Письмо Ивана Сергеевича к князю

Сиятельнейший князь!

С искренним удовольствием спешу уведомить Ваше сиятельство, что здоровье Елены Павловны поправляется. Все убеждения мои остаться до совершенного выздоровления в Поречье были тщетны, она переехала на маленькую квартиру, которую наняла ее горничная на Садовой. Впрочем, может, это к лучшему: в Поречье все напоминало ей беспрестанно счастливую эпоху жизни, которую она утратила. Сколько я ни просил ее взять вещи, подаренные Вашим сиятельством или бывшие у ней в употреблении, она решительно отказалась. Взяла только бриллиантовый браслет с Вашим портретом, но на другой день возвратила бриллианты. Когда я намекнул о ломбардных билетах, она с гордостию спросила: "Знаете ли вы, кому платят за любовь?", после чего я не заикался; время — великий доктор. Немцы говорят: "Kommt Zeit — kommt Rat"[9]. Квартира, нанятая ею, очень мала, но она именно такую и велела сыскать; денег у нее нет, и она хочет вышивать для продажи. Сколь это ни смешно, но, видя тут детский каприз и, сверх того, занятие, я взялся искать покупщиков. Горничная, которая была при ней, не хотела с ней расстаться, и я ей дал паспорт; через нее я предупреждаю все нужды Елены Павловны. Она, как ребенок, не знает ничего в хозяйственном отношении, однако ж несколько раз спрашивала горничную, откуда деньги, и та уверила, что это ее собственные.

Доселе о Вашем сиятельстве она не говорила ни слова. Сначала я замечал у нее заплаканные глаза, теперь она даже весела, только часто задумывается и, придя в себя, начинает смеяться над своею рассеянностью. Нрав у нее истинно ангельский: кротка, добра и в мелочах слушается меня, как отца. Жаль только, что не хочет лечиться; Фрез уверяет, что весенний воздух исправит все. Он не может более ездить, ибо она решительно отказалась его принимать, говоря, что у ней денег нет платить за визиты. Вчера я

[9] Придет время — покажет, как быть (нем.)

пил у ней чай, она шутила и наконец сказала мне: "Посмотрите мое маленькое хозяйство, — чем я не невеста? Признайтесь, Иван Сергеевич, нет ли вам поручения искать мне жениха?" Я отвечал, что нет, но что само собой разумеется, что с ее достоинством, в ее летах можно надеяться сделать партию хорошую. "Я не прочь, — сказала она, — только не забудьте в рядную написать Анатоля", — и расхохоталась. Но я думаю, со временем увидит, что в самом деле не худо позаботиться о замужестве, лишь бы здоровье совсем поправилось.

Впрочем, я надеюсь, что это будет скоро. Теперь осталось только по временам кровохарканье; Фрез говорит, что это следствие сильного нервного потрясения и обмороков, беспрерывно продолжавшихся две недели. Не премину и впредь извещать Ваше сиятельство о всех подробностях относительно Елены Павловны. При сем вы получите на особом листе подробный счет израсходованных мною денег, как на заплату доктору, в аптеку, так и на другие издержки.

С истинным уважением и таковою же преданностию честь имею пребыть Вашего сиятельства покорнейший слуга

Ив. Тилъков.

Москва.

1792 года, марта 1—го.

Апрель месяц оканчивался, а Святая неделя начиналась. Улицы московские, тогда еще не мощенные, представляли непроходимую грязь. Вода бежала потоками, мутная, черная, но все было весело.

Колокола примешивали в сырой воздух какую—то торжественность; множество карет цугом неслось взад и вперед, и множество шей, переплетенных в шитые воротники, выглядывало из них. Толпы народа в праздничных кафтанах, с истинным удовольствием на лице, шли по колена в грязи под качели. Дворовые люди стояли у ворот, грызли орехи и играли на балалайке; старички и старушки возвращались домой от обедни с просвирою в руках, с молитвою в сердце. Кто знает, что такое в Москве Святая неделя, тот легко представит себе эту картину. Это один праздник, который мы умеем праздновать народно, весело, в котором участвуют все — бедный покрывает свои лохмотья, работник забывает свои мозоли и душную мастерскую, крестьянин отгоняет мысли об оброке, недоимке и бурмистре. В эту неделю все дышит праздником, весною, счастьем.

В это время у Арбатских ворот какой—то человек в довольно поношенном сюртуке на вате, с бобровым воротником, и с палкою из сахарного тростника в руках пробирался с камня на камень от церкви Бориса и Глеба к дому графа Апраксина.

Он было совершенно счастливо кончил полдороги, как вдруг с Воздвиженки выехала карета, запряженная четырьмя худыми лошадьми. Прохожий был так близко к ней, что грязь с заднего колеса обрызгала его с головы до ног, и в то же время голова в напудренном парике выставилась в окошко и закричала: "Стой, стой! Ах, Иван Степаныч, извините, что моя карета так неучтива, да и вы немножко неосторожны. Скажите, пожалуйста, какая жалость! Вы не поверите, я уже тридцать два года доктор, и на моих руках и при мне умерло несколько сот людей, я окреп, но вчерашняя сцена расстроила меня до невозможности".

— Да, — сказал Иван Сергеевич, вздохнувши.

— Бедная, — продолжал Фрез, — и последнее слово было его имя и молитва о нем. Досадно, что она не хотела лечиться порядком, а пущб всего, не принимала капель, которые я прописал, — действие их несомненно. Вот как дорого платят за капризы. Всю ночь ее агония была у меня перед глазами. Жаль, очень жаль — l'homme est une machine a vivre, et quand le moteur s'abime, la machine se casse[10]. Я, право, полюбил ее от души, а убийца ее, чай, преспокойно ездит с визитами.

---

[10] Человек — машина, предназначенная для жизни, и, когда портится двигатель, машина перестает работать (франц.)

Mecreant![11] Скажите, когда вынос и отпевание?

— Завтра в девять часов, в приходе Спиридония.

— Приеду непременно. Прощайте. Да, а propos[12], говорят, этот князь поручил вам Анатоля; пожалуйста, когда нужно, присылайте за мною, я для этого ребенка готов все сделать, — вот видите ли, и у доктора есть иногда душа, — прибавил он с улыбкой добродушия.

— Что и говорить, Карл Федорович, ужасный случай, я сам после смерти матушки вчера в первый раз плакал. Дай бог ей царствие небесное!

— Если оно есть, — прибавил доктор с улыбкою, выдерживая роль материалиста.

Между тем князь утопал в море наслаждений. Чего ему недоставало? Дома — пламенная любовь жены, а вне — осуществление всех самолюбивых мечтаний. Однажды он воротился из дворца веселее обыкновенного: в этот вечер императрица осыпала его милостями. Камердинер взошел раздевать его.

— Что княгиня? — спросил он.

— Почивает. Он разделся, взял сигару (большая редкость в те времена), закурил и сел перед столом. На столе лежало письмо.

— Откуда? — спросил он.

— С почты, — сказал камердинер.

Князь распечатал его, оно очень коротко: "С истинным и душевным соболезнованием известить должен я Ваше сиятельство, что Елена Павловна скончалась в ночь на сегодняшний день в два часа с четвертью. Часа за три до смерти

---

[11] Безбожник! (франц).

[12] Кстати (франц.)

она попросила бумаги и, перо, хотела писать Вашему сиятельству, но, написавши несколько строк, она бросила и сказала: "Он не станет читать". Потом впала в забытье, минутами приходила в себя, но и тут речь ее была несвязна. Ваш портрет требовала беспрестанно. "Кончено, — сказала она наконец, — мне легче: пусть он не знает моих страданий. Бог простит меня. Видите — свет и музыка". Тут улыбка показалась на охолодевших устах — и ее не стало. Подробности следующий раз, боюсь опоздать на почту".

В письмо была вложена записочка, измятая судорожными движениями и облитая слезами. В ней не было никакого смысла и почти нельзя было прочесть — так слаба была рука писавшая: "Mes tourments finissent... Merci, grand Dieu!.. Oh, que je taime, mon ange... Hate—toi de venir[13], а то опоздаешь, я умру, скоро умру... Qu'il est beau... elle..."[14] Знаете ли вы то чувство, когда человек очнется после обморока? Он видит, что все знакомое, но точно будто в первый раз, двух мыслей связать нельзя, удивительная тупость в голове; человек делается меньше, чем скот, — растение.

Точно то же сделалось в душе князя. Он не был порочен, вся вина — необузданность, к которой он привык с молодых лет. С начала письма вся кровь бросилась ему в сердце и в голову, и он дрожал от холода, рука не могла держать сигары, она выпала; язык высох, лицо посинело, но он читал, прочел все, положил письмо, посмотрел около себя, на стены. Портрет его отца встретился глазам, ему очень хотелось знать, чей это портрет; потер себе лоб, но не мог сообразить. Потом инстинктуально вспомнил о сигаре, спросил камердинера, где она; тот подал ему, он начал расщипывать ее и положил на стол. Потом он посмотрел на камердинера, тот не мог вынести его взора и задрожал. "Воды!" — сказал князь совсем не своим голосом. Он выпил два стакана, неверными шагами дошел до дивана и

---

[13] Моим мучениям приходит конец... Благодарю, боже!.. О, как я люблю тебя, ангел мой... Приезжай скорее (франц.)

[14] Как он прекрасен... она... (франц.)

бросился на него. Тут немного пояснее стало у него в голове и гораздо мрачнее на душе.

— Я буду спать здесь, — сказал он слуге.

Слуга взял свечи, поклонился и пошел.

— Оставь свечи и убирайся к черту! — закричал князь.

Камердинер вышел в лакейскую и, встретив там дворецкого, сказал ему шепотом: "Ну уж, Спиридон Федорыч, как наш князь нарезался сегодня — зюзя зюзей! Не смеет жене носу показать; там улегся в угольной на диване — болен, дескать.

Сначала с воздуха—то незаметно было, а как теплом—то его обдало, так еле на ногах стоит".

— Это они не пьяницы, — сказал дворецкий. — Мы, вишь, пьем одни. Пойдем—ка с горя в буфет.

И пошли.

Князь взглянул на часы — четверть третьего. Ему сделалось холодно, как на морозе без шубы. Но он решительно ни о чем не думал, душа его была оглушена, а по телу лился яд, хуже синильной кислоты, и тело разлагалось. Часы пробили три. Вдруг тихо, тихо отворяется дверь. На свечах очень нагорело. Князь всматривается... Елена, живая, веселая, как в первый день свиданья; она бросается на колени, шепчет "прости". "Так это все вздор!" — сказал князь и бросился к ней. Она склонила голову на его плечо; князь взял ее руку — и рука осталась у него. Он содрогнулся, хотел поцеловать ее и поцеловал ряд зубов мертвой головы; нижняя челюсть щелкала с улыбкой, куски мяса висели на щеках, длинные волосы едва держались на черепе. Князь отскочил, и голова, склоненная на его плечо, ударилась об пол и покатилась. Дыханье замерло в груди князя. "Помилуй, что с тобой? — шептала ему Елена. — Ты как будто боишься меня, зачем отталкиваешь? Ведь я — твое создание; неужели и одной минуты для меня больше нет?" Князь хотел снова подвинуться к ней, но между ним и ею стоял карлик, такой отвратительный, желтый, с небритой бородою. Этот карлик помирал со смеху и лаял, как собака. Князь хотел оттолкнуть его ногой. Карлик схватил его за ногу зубами, и тут только он разглядел, что это не карлик, а рыба. Князь побежал в комнату жены. Она покоилась, тихая, небесная, с молитвой на устах. Князь разбудил ее, она взяла его руку, хотела поцеловать и спросила: "Что это от твоих рук так пахнет покойником?" — "Я сейчас снимал со свечи, — сказал князь, — и мне пить хочется". — "Я принесу", — сказал карлик. Князь схватил саблю. Карлик захохотал и вспрыгнул на постель. Князь ударил что есть силы.

Удар этот отделил голову жены, карлик захохотал еще громче, схватил череп и подал его князю, говоря: "Trinken Sie, mem Herr"[15]. Князь взял череп и начал пить теплую кровь — руки его дрожали, он облился... Больше его фантазия не могла действовать; он раскрыл глаза мутные, свечи потухли, день занимался.

Говорят, дневной свет придает чудную храбрость, это правда. Но и то правда, что, когда настанет день, все совершенное во мраке увидится яснее. Виски бились у несчастного, голова была в огне, а сам он дрожал от холода. И вот прошедшее явилось теперь перед ним требовать отчета, звать на страшный суд; это — jury[16] нашей совести, и jury без ошибки. Теперь не спазматическим сном, а на самом деле повторял он историю своего убийства, и горько, очень горько было ему. Все ужаснейшие муки угрызающей совести терзали душу князя. Вид его сделался страшен. Он заперся у себя дома, не брил бороды; признаки сумасшествия начали показываться и в словах и во взоре. Все старания, вся необъятная любовь жены ничего не производили.

— Нет, этого пятна, — повторял он, — любовь не в силах снять.

---

[15] Выпейте, сударь (нем.)

[16] Суд присяжных (франц.)

Это может один бог, но я первый назвал бы его несправедливым, если б он стер его. И я не мог оправдаться перед нею, и она унесла с собою в могилу мнение обо мне как о трусе, злодее, который боится собственных злодеяний. И, что хуже всего, при этом он так зверски хохотал, что кровь стыла в жилах жены и она трепетала и мучилась, видя его страдания.

Если человек, сильно пораженный несчастием, вместо слез захохочет, его погибель верна — тут уже нет спасенья: душа, согласившаяся в такую минуту сделать совершенно противоположное естественному порядку, сломана. Тут, по словам князя, один бог может поправить, а ни время, ни земные средства. Этим смехом человек передает свою жизнь, и еще более — свою вечность духам темноты и злобы. Так и случилось; его мрачная меланхолия приняла какую—то ровную, одинакую форму, гамлетовский смех надо всем — какую—то свирепость; слова его были ужасны: какие—то стансы из адской поэмы, писанной желчью на коже, содранной с живого человека. Служить он не хотел, и нельзя было; императрица жалела о нем и удваивала свое внимание, воображая, что прошедшая немилость привела его в это положение. И это внимание усиливало еще более его мучения. Когда человек сознает себя преступным, справедливо наказанным, и притом человек этот горд и самолюбив, ничего не может быть ужаснее этого сострадания и этой уверенности других, что он не виноват.

Княгиня увезла его в Москву... Он стал несколько спокойнее, но не поправлялся; седые волосы показались на этой голове, через которую не прошло еще и тридцати зим. Прелестная рука его сделалась угловата, щеки ввалились, одни глаза блистали каким—то диким огнем. Он почти совсем не спал. Всю ночь дом был освещен, и он ходил из комнаты в комнату. Но жена его не тяготилась своею судьбою, — нет, она любила его, как в день свадьбы, еще более; его несчастия расширили, удвоили любовь.

Она не отходила от него ни на минуту, где могла, вливала слово утешения, чаще всего молилась и несла свой крест со смирением христианина. Она думала, что ее страдания выкупят его преступление.

Однажды князь, просидев несколько часов неподвижно на самых тех креслах, на которых сидел, когда был у него Иван Сергеевич, не обращая ни малейшего внимания на княгиню, которая со слезами на ресницах не спускала с него взора, закрыл глаза, и голова его склонилась на грудь. Княгиня встала, подошла к нему, чтоб удостовериться, спит ли он, поцеловала его, поцеловала его руку и на цыпочках вышла вон. Князь не слыхал.

Одиноко, пустынно Новодевичьему монастырю. С одной стороны поле с бледно—зеленой, едва растущей травой от нечистого дыханья города; с другой — болото Лужники. Там часы бьют каждую минуту, устроенные несчастной царице для того, чтобы погребальный звук их напоминал ей беспрерывно утрату счастия и приближение смерти. Там чистые девы, испуганные миром, прячутся от него за богоматерь и молятся. Там девы падшие повергаются с раскаянием, со слезою перед богоматерью и молятся. Там старухи приносят богоматери свое изнуренное тело, последнюю мысль и последнее чувство на земле и молятся. Там множество надгробных памятников придавливает к земле телесную часть человека и молится о душевной, там колокольня посылает молитву на небо, там все молится.

К этому монастырю подъехала пышная карета, запряженная шестью вороными лошадьми с атласной шерстью. Два лакея, в полугусарском, полушутовском наряде и какой—то мамонтовской величины, соскочили с запяток и отворили дверцы кареты. Сперва вышла дама очень молодая, очень стройная, очень бледная, вся в белом; за нею — Иван Сергеевич в глазетовом камзоле, что надевал в Успенье. Дама, едва опираясь на его руку, взошла в ограду монастыря и сказала ему: "Ведите". Иван Сергеевич провел ее к какой—то могиле и снял шляпу. Дама отколола букет цветов от своей груди и бросила их на холодную землю.

— Спи мирно, — сказала она, — цветок, бурею сорванный и молнией сожженный. Твоя душа много страдала, покойся же теперь. О, я любила тебя, любила за твою пламенную любовь к нему; наши души сочувствовали, они были одинаковы, родные. Я желала видеть тебя, я хотела быть твоим другом, но приняла ли бы ты мою дружбу и смела ли бы я, счастливая, протянуть руку тебе, несчастной? Елена, я не похитила его у тебя; он был мой, когда буря жизни бросила тебя в его огненное существование; наши души — одно неразрывное, может, до рождения. Зачем именно ему предалась ты?.. Нет, нет! Ты права, Елена! Кому ж другому могла бы ты отдать такую душу, как не его душе — обширной, глубокой, океану? Ты потонула в этом океане, но ты испытала счастие, и за минуту блаженства разве нельзя отдать дни свои? Покойся же, там мы увидимся, там нет раздела, там все — любовь, там я и ты свободно будем любить его.

Тут она склонила колена и подняла молящий взор к небу; слезы катились с ланит ее.

— Елена, мира пришла я просить у тебя. Может, ты ненавидела меня — помиримся же теперь... И его прости, он мучится, страдает, он несчастен в моих объятиях, и я не смею, не примирясь с тобою, утешать его. Его страдания принадлежат тебе, боюсь лишить тебя и их. Но ты любила его, любишь, жизнь твоя там лучше прежней, пошли же ему утешение. Будем вместе молиться о нем!..

В это время молоденькая клирошанка отворила окно в церкви, и стройный хор женских голосов слабо и невещественно донесся до могилы. Небольшое облако, покрывавшее солнце, рассеялось. Это было 15 июля, в вечерни. Князь проснулся. В нем произошла какая—то перемена. Он почувствовал опять силу и здоровье, вспомнил о своих делах, позвонил, велел камердинеру подать мундир, оделся, приказал заложить коляску, потом поспешно схватил лист бумаги и написал:

"Всеподданнейший доклад

о преобразовэнии судопроизводства.

Судопроизводство в обширном смысле слова есть та часть религии, которая обнимает в гражданском быту все отрасли архитектуры и епархиального управления.

§ 1. Садоводство распадается на две части: на Министерство Юстиции и на Технологический институт. Учреждение Министерства необходимо, но министром должен быть музыкант и князь. Коллегиальное начало вредно для постройки зданий, но полезно для мостов..."

Он еще писал, когда взошла княгиня. С видом величайшей важности князь указал ей стул и прибавил:

— Я о вашем деле говорил с графом, но извините, мне нет секунды свободной...

Как холодной водой обдало княгиню. Она все поняла! Бедная, несчастная!.. Она хотела броситься к нему на шею, он оттолкнул ее.

— Ну, так, сударыня, я знал, что вы подосланы от Козодавлева и Вязмитинова!

Это было 15 июля, после вечерень.

ЛЕГЕНДА

Fu, e non e...

Non sara tutto tempo sanza reda... Del "Purgatorio"[17]

(Посвящено сестре Наташе)

I

"Яко же огреби миру быхом, всем попрание доселе..."

К коринф. I посл., гл. IV

Несколько месяцев тюрьмы, несколько месяцев без открытого неба, без чистого воздуха. Тюрьма не есть уединение, чувство, что человек выброшен из общества, отрешен от всех его условий, — давит, душа сосредоточивается, занимает наименьшее пространство, уменьшается. Томно шло время и однообразно до крайней степени, сутки потеряли свое измерение, все 24 часа превратились в одну тяжелую серую массу, в один осенний вечер; из моего окна видны были казармы, длинные, бесконечные казармы, и над ними голубая полоса неба, изрезанная трубами и обесцвеченная дымом. Наконец потребность воздуха, солнца, неба превратилась в болезнь, в тоску. — Мне позволили гулять. С каким искренним удовольствием вышел я на печальный двор, отвсюду

[17] Был — и нет его... Не останется навсегда без преемника... Из "Чистилища"(итал.)

обставленный солдатами, чистый, плоский, выметенный, без травы, без зелени; правда, по углам стояли деревья, но они были печальны, мертвые листья падали с них, и они казались мне то потерянными бедными узниками, грустящими, оторванными от родных лесов, то часовыми, которые без смены стерегут заключенных. Удовольствие мое тускло, темнело; к этому прибавилась еще причина; кто не был в тюрьме, тот вряд ли поймет чувство, с которым узник смотрит на своих провожатых, которые смотрят на него, как на дикого зверя, — Я хотел уже возвратиться в свою маленькую горницу, хотел опять дышать ее сырым, каменным воздухом и с какою—то ненавистью видел, что и это удовольствие, к которому я так долго приготовлялся, отравлено, как вдруг мне попалась на глаза беседка на краю ограды. "Можно идти туда?" — "Я думаю", — отвечал офицер после некоторого молчания; я взошел, и чуть крик восторга не вырвался из моей груди: пространство более нежели на двадцать верст раскрывалось внезапно, нечаянно. Кто не знает чувствований, с которыми смотрит человек вдаль с горы? Я сам часто испытывал их; но тут явилось что—то новое в моей груди, сжатой каменными стенами, — в груди колодника...

Вся Москва, весь этот огромный, пестрый гигант, распростертый на сорок верст, блестящий своею чешуею, вся эта необъятная, узорчатая друза кристаллов, неправильно осевшихся. Я всматривался в каждую часть города, в каждой груде камней находил знакомого, приятеля, которого давно не видал... Вот Кремль, вот Воспитательный дом, вот крыша театра, вот такая—то церковь...

Осеннее солнце, "как итальянская луна", не ослепляло; полосами была Москва наводнена его светом, полосами была темна, и эти полосы перебегали: Москва, казалось, то улыбается, то браздит морщинами чело свое. Вся московская жизнь представлялась мне ярко, живо, со всей пустою шумливостью и деятельностью без цели; я почти знал, что делается вот под этой зеленой крышею большого дома, на который Москва не позволяет дунуть ветру, и под дощатым навесом этой хижины, которую Москва толкает в реку. Вспомнилась прошедшая жизнь. И святые минуты чистых восторгов, и буйные вакханалии, и немая боль скуки, и ядовитые объятия разврата — все, все виднелось мне из кирпичных масс.

Не знаю, долго ли бы простоял я тут или долго ли бы мне позволили простоять. Но раздался густой, протяжный, одинокий звук колокола с другой стороны; звук колокола заставляет трепетать; он слишком силен для человеческого уха, слишком силен для сердца; в нем есть доля угрызения совести и печальный упрек; он зовет, но не просит; он напоминает о небе, но пренебрегает землею.

Доселе я не обращал внимания на другую сторону, Москва поглотила меня. Страшный звук меди среди этой тишины заставил обернуться — все переменилось. Печальный, уединенный Симонов монастырь, с черными крышами, как на гробах, с мрачными стенами, стоял на обширном поле, небольшая река тихо обвивала его, не имея сил подвинуть несколько остановившихся барок; кое—где курились огоньки, и около них лежали мужики, голодные, усталые, измокшие, и голос меди вырывался из гортани монастыря.

Как не похож Симонов монастырь, заключенный со всех сторон в ограды, на Москву, раскрытую со всех сторон; в нем было столько тишины и спокойствия, столько святого и поэтического. Печален вид его, и грустен его колокол, но он знал лучшие времена, он был знаменит и славен, торжественно звал его колокол тогда; теперь, ежели б не напомнил о себе, может быть, я не заметил бы его. Старинная архитектура указывала время его славы, и он не хочет переодеться, так как многие желают умереть в венчальном платье. Тогда ему еще нужны были стены для защиты от врага; счастливое время; на что теперь эти стены, эти башни? Враг умеет их миновать, умеет везде найти свою жертву; и не в твоих ли оградах лежит юноша, который так иного жил в своей короткой жизни? Тогда враг являлся в виде вооруженного Савла — можно было ждать обращения, теперь в виде Иуды — одна надежда на самоубийство. Возвратившись в мою горницу, я вспомнил всю блестящую эпоху монастырей; живо представились мне эти люди с пламенной фантазиею и огненным сердцем, которые проводили всю жизнь гимном богу, которых обнаженные ноги сжигались знойными песками Палестины и примерзали к льдам Скандинавии. Эта жизнь для идеи, жизнь для водружения креста, для искупления человека казалась мне высшим выражением общественности — ее нет более, и она невозможна теперь. Тогда были века, умевшие веровать, умевшие понимать власть идеи, умевшие покоряться, умевшие молиться в храме и умевшие воздвигать храмы. Великая кисть художника увековечила на стенах Ватикана торжественную минуту силы идей — раб рабов божиих отирает сандалии свои об венчанное чело Цезаря... И тут же, казалось, я слышал свист и смех, с которым встретило XIX столетие религиозное направление.

Забудемте, ради бога забудемте наш век, перенесемтесь в эти времена тихого созерцания, в эти времена неба на земле [Легенда, предлагаемая здесь, находится в "Житии святых" за сентябрь месяц. Для чего же я переписал ее? Гёте говорит: "Nun erzahlte die Gesellschaft dem Wunsche gefallig Jene Legende... Hier lernte man das eigentliche Wesen der Sage kennen, wenn sie von Mund zu Mund, von Ohr zu Ohr wandelt. Widerspriiche kamen nicht vor, aler unendliche Unterschiede, welche daher entspringen mochten, daB jedes Gemut einen anderen Anteil an der Begebenheit, genommen" ("Sanct—Rochus Fest zu Bingen, 23 Ap. LXVIII B"). ("Присутствующие принялись рассказывать эту легенду, идя навстречу пожеланию... Стало понятным подлинное существо легенды, которая переходит из уст в уста, от одного к другому. Противоречий не было, зато бесконечные варианты, которые, по—видимому, обязаны своим происхождением тому, что чувство каждого по—разному проявляло свое участие к событию" ("Праздник святого Роха в

Бингене, 23 апр., LXVIII Б" — нем.). Метафраст писал мартиролог при Константине Багрянородном; теперь XIX столетие. — Примеч. автора.].

II

Аминь глаголю тебе, днесь со мною будеши в рай.

Лука, гл. XXIII, ст. 43

Юноша в простой одежде вышел из городских ворот Александрии и скорыми шагами пробегал Некрополис, не обращая ни малейшего внимания ни на дивные пещеры, иссеченные в камне, ни на дивные картины, покрывавшие их стены. Эта невнимательность отнюдь не происходила от одной привычки, приучающей человека без удивления смотреть на все, но оттого, что он был занят какою—то мыслию, которая ревниво отталкивала весь мир. Сильные страсти боролись на его лице, мертвая бледность покрывала щеки, иногда слеза тихо скатывалась, и он не замечал ее. Белое лицо его было чрезвычайно нежно, и, когда он отбрасывал рукою кудри, падавшие ему в глаза, его можно было принять за деву; большие черные глаза выражали особое чувство грусти и задумчивости, которое видим в юных лицах жителей Юга и Востока, столь не цохожее на мечтательность в очах северных дев; тут — небесное, там — рай и ад чувственности. Во взорах юноши проглядывал фанатизм, что—то восторженно—религиозное, принадлежащее его родине, колыбели христианского аскетизма и кенобития отшельников фиваидских, где самое умерщвление страстей превратилось в страсть.

Удалившись несколько от города, юноша остановился, долго слушал исчезающий, раздробленный голос города и величественный, единый голос моря[18] ... Потом, как будто укрепленный этой симфониею, остановил свой влажный взор на едва виднеющейся Александрии. Александрия — Греция, возвратившаяся в Египет, памятник славы сына Юпитера Аммона, надгробный памятник Клеопатры, — засыпала в золотой пыли, в тумане света и жара. Усталое солнце томно погружало лицо свое в средиземные волны, раскаляя длинную полосу на море, которое готово было вспыхнуть, Несколько забытых, опоздалых лучей солнца играли на крестах храмов христианских; Александрия была тогда поклонница Христова, придавая чистой религии его свои неоплатонические оттенки и свою мистическую теургию Прокла и Аполлония.

Уже храм Сераписа, Кёльнский собор мира языческого, с своими сводами, галереями, портиками, бесчисленными колоннадами, мраморными стенами, покрытыми золотом, давно был разрушен, и колоссальная статуя Сераписа, на челе которой останавливался луч солнечный, не смея миновать его, была разбита и превращена в пепел. Но Александрия, еще сильная и могущественная, не лишенная прелестей, коими ее наделил Динократ, прелестей, коими нарядила ее Клеопатра, наряжая себя, пышно и сладострастно смотрела на юношу, не предвидя, что скоро превратится в Искандери аравов.

Грустен был взор юноши, он говорил: "Мы расстаемся, я более не гражданин твой..." Но ему было жаль Александрии, тут он узнал жизнь, тут он любил, тут, может быть, был любим, тут... Но какое—то страшное воспоминание пролетело по лицу

---

[18] Le Seigneur Mele eternellement dans un fatal hymen Le chant de la nature au cri du genre humain. V. Hugo. (Господь вечно сливает в роковом супружестве песнь природы с криком рода человеческого. В. Гюго — франц.)

юноши, какое—то угрызение совести, и он, обратясь к востоку, бросился на колени, и горячие слезы раскаяния сопровождали молитву его; она была без слов, без мыслей, может быть; но она была истинна и глубока, мысли и слова отняли бы всю духовность ее, так, как они ее отнимают у музыки.

Чиста и прелестна молитва невинности, как весеннее утро, как вода нагорного потока, но в ней есть чувство собственного достоинства, требование награды. Дева чистая называет себя невестою Христа — невестою того, которого Соломон называл женихом церкви. Не такова молитва преступного, рыдающий, поверженный в прахе, он алчет одного прощения, его молитва раздирает его душу; в ней вся его надежда и вместе отчаяние; он чувствует свою недостойность, но чувствует и безмерную благость бога; он боится, трепещет, уничтожает себя и возрождается, живет токмо в нем, в искупителе рода человеческого. Сильна и пламенна молитва преступника, как поток каленого металла, бросаемого из огнедышащего жерла к небу; и не для грешника ли создана молитва? Праведному — гимн.

"IIa"

"Я пришел в дом твой, и ты воды мне на ноги не дал, а она слезами облила мне ноги и волосами головы своей отерла... А потому сказываю тебе: прощаются грехи ее многие за то, что она возлюбила много".

Евангелие

Окончив свою молитву, юноша встал, прощальным взором поцеловал Александрию и пошел далее; темнело, и он, углубляясь в плоскую даль пустыни, едва был виден и исчез наконец...

На другой день проходил он к вечеру дикое и пустынное место и, казалось, еще не отдыхал; шаги сделались тише, дыхание тяжелее; в темноте можно было разглядеть массу еще темнейшую, которая грубо и тяжело вырезывалась на небосклоне; увидев ее, юноша собрал последние силы, удвоил шаги и вскоре подошел к каменной ограде — вороты были заперты. Несколько раз подымал он руку, чтобы постучаться в окошко привратника; но рука не поднималась, — видно было, что поступок, им предпринимаемый, слишком изменял всю жизнь его, слишком глубоким оврагом отрезывал все прошедшее от всего будущего.

Раскаяние, негодование на свою слабость показались на его чертах, и он коснулся до окна, трепет пробежал по его членам; казалось, что стучат у него в сердце, и седая голова привратника два раза повторяла уже свое приветствие сонными устами и спрашивала о причине позднего прихода, прежде нежели юноша вымолвил: "Отец мой, иди к игумну, скажи, что у ворот стоит презренный грешник, что он умоляет принять его в монастырь, что он пришел обмыть ваши святые ноги и работать и трудиться". Седая голова исчезла, слова какой—то молитвы коснулись ушей юноши, потом послышались тихие шаги, которые звучали по камню, потом все умерло и ничего не было слышно. Каждый шаг чувствовал юноша в своей груди — он делал его на поприще, им избранном, — и мысль, к которой он Давно приготовлялся, теперь, казалось, была слишком сильна для его груди. Не так ли трепещет человек, ведя к алтарю свою возлюбленную?

Юноша бросился на большой камень; волнение его утишалось, высокое чувство веры восходило, подобно солнцу, из возмущенных волн, освещая их, согревая, передавая им свой свет. Он отрешался от мира земного, он слышал глас Иисуса, призывавший его туда, в обитель любви и надежды, туда, где поют бога чистые ангелы, где души праведных его видят, где между ними и покаявшиеся грешники... Долго сидел он неподвижен, склоняя голову на обе руки, по коим рассыпались его кудри, и в это время он, казалось, гармонировал и с мертвою тишиною пустыни, и с мрачною недвижностью монастыря, и с сухими, печальными растениями берегов Африки, и всего более с своею родиною — Египтом, который однажды жил, остановился на своих обелисках и пирамидах и стоит с замершей на устах немою речью иероглифов. Проходят часы; нет привратника. По временам пронзительный вой шакала раздается протяжно и длинно, не встречая препятствий, подобно голосу военной трубы; он ищет жертвы и вторит, не находя ее. Юноша ничего не замечал; но вот вблизи его быстрыми скачками, едва дотрогиваясь до земли, пронесся барс, lonza leggiera[19]. Юноша содрогнулся, и немое гнетущее чувство одиночества овладело им. Ужасно чувство, с которым человек видит, что он оставлен всем светом, когда он невольно обращает умоляющий взор вокруг себя, зная, что никто не подаст ему помощи, и когда взор его встречает вместо спасителя ярящиеся волны океана, улыбающийся взгляд инквизитора или взгляд без выражения палача. Первое движение юноши было бежать; куда? — он сам не знал, но вера в провидение остановила его. Он осенил себя крестом и спокойно сел на свой камень. Христианин победил человека. — Ночь прошла, зарделся восток, но привратник не являлся. Ужели он не исполнил просьбы юноши, ужели игумен не спешит утешить страждущего сына?

III

Две любви создали две веси: любовь к себе до презрения бога — весь земную, любовь бога до презрения себя — весь небесную.

Св. Августин

В бедной келье, сложенной из огромных камней, при скупом

[19] Легкий барс (итал.)

свете треножной лампы, на большом четвероугольном куске гранита сидел монах, лет за пятьдесят; перед ним лежал развернутый свиток Августина; одна рука поддерживала голову, покрытую черными волосами, перемешавшимися с сединою, другой он придерживал свиток. Лицо его было бледно и желто; глубокие морщины на лбу и пламенные глаза показывали, что в душе его горели страсти сильные и что доселе они не потухли. Резкое лицо и более строгое, нежели кроткое, могло показаться холодным с первого взгляда — но только с первого.

Он родился в Антиохии, и судьба готовила ему с ранних лет путь, особый от пути, по которому она гуртом толкает людей. Он не знал любви матери, ни ее нежной ласки, от которой мягчится сердце; родившись, был он убийцею ее. У него не было ни сестер, ни братьев. Отец, погруженный в торговые обороты, богатый и надменный, редко живший в Антиохии, был для него посторонний. Словом, узы родства, тысячью цепями привязывающие человека к домашней жизни, к маленькому кругу действий, ему никогда не были известны. Сильная, огненная душа юноши, от природы чувствительная и возвышенная, жаждала симпатии, любви и находила один холод действительного мира.

Мрачность черными струями разливалась по его характеру, он стал скрытен, задумчив, искал отрады в чтении поэтов Греции и не находил ее: светлое, яркое небо Эллады, высокое чувство красоты и ее красота ваятельная худо согласовались с его больной душою. Страшно жжет душу огонь ее, когда нет отверстий, куда бы он вылился, когда нет веры, которая одна может обратить его к небу, когда нет любви, которая одна может благотворным сделать пламя его. — Долго блуждал он, не приставая никуда и терзая свою душу потребностями, которым не находил удовлетворения; перебегая от предмета к предмету, попал на христианских писателей. Здесь ему раскрылся новый мир, исполненный обширности, глубины и силы. Одаренный восточной фантазиею, он увлекся африканским красноречием Оригена и Тертуллиана; наполнилась пустота в душе, сильная вера очистила огонь, ее пожиравший. Но что более поразило его — это самые христиане, деятельность их для развития идеи, беспредельная вера в нее и чистое, святое самоотвержение. Надобно вспомнить, что тогда было время великой борьбы против арианизма, никогда рвение христианских учителей не было обширнее. Весь мир участвовал в спорах, и гонцы спешили по всему миру передавать мысль Августина, слово Афанасия. Эта деятельность с колоссальною целью пересоздать общество человеческое, пересоздать самого человека, возвратить его богу и через него всю природу, опираемая на божественное основание евангелия, волновала юношескую душу; он увидел, что нашел свое призвание, заглушил все страсти, питал одну, поклялся сделать из души своей храм Христу, то есть храм человечеству, участвовать в апостольском послании христиан — и сдержал слово. В груди сильной может быть одна страсть! Его ничто не привязывало ни к родительскому дому, ни к родине. Девятнадцати лет бежал он в Грецию.

Много лет провел в кельях учителей, собирая манну их слов, учась их примером и утешая их строгостью своих нравов. Наконец учители признали его силу, благословили его и велели идти, проповедуя слово божие. Мечтая о начале божественного Сиона, явился он к людям, и человечество представилось ему худшею частью своею — Византиею. Византия, которой гниение началось вместе со славою, развратная, гнусная, должна была ужаснуть юношу. С негодованием видел он, что христианство там ограничивается одними прениями без веры, что оно так же не идет к Византии, как статуя, которую Констанс хотел туда перевезти из Рима и за которую боялся Гормисдас, что ей будет— тесно. Противуположность чистых, высоких учителей, простиравших руку всем слабым и труждающимся и часто отнимавших ее от сильных и богатых, с миром, погрузившимся в пороки, с которых спала даже завеса стыда, заживо разлагающимся, сделала его несправедливым.

Он видел одно целое, хорошее, неповрежденное в мире — духовенство; ему хотел бы он отдать и венец и порфиру, в нем полагал все свои надежды, в его апостольском призвании видел возможность спасти людей и обратить их. Он оставил Византию — Рим, разрушаемый Алариком, страшил его; он не знал, что там нашел бы зародыш исполнения своей мысли, — и удалился в пустыню Фиваидскую. Здесь, среди аскетизма и восторженности, среди людей, избранных богом, еще больше окреп его характер и еще больше возгнушался он миром. Первое желание, явившееся в груди его, было удаление в пустыню, в которой бы можно было забыть все и помнить одного Христа; но это худо согласовалось с мыслию распространения слова божия. Не отдельность нужна для развития идеи, а совокупность.

Он возвратился на родину, роздал бедным богатое наследство свое и вступил в Октодекадский монастырь. Вскоре братия его избрала игумном, и он был пастырь строгий, поучая примером, наказывая всякую слабость, отрезывая более и более монахов от мира. Монастырский чин и устройство христианского духовенства явило дивный пример согласования двух идей, по—видимому враждующих, — иерархии и равенства, — в то время как политическая история человечества показывает одно беспрерывное стремление к этому согласованию, стремление несчастное, ибо способы употребляемые бедны и мелки; имея такой пример пред глазами, люди не умели понять его...

Вот к этому монаху поздно ночью отворил дверь привратник; сперва он постучал в нее, но, не слыша ответа и думая, что игумен спит, он вошел в келью. Игумен, не замечая его, продолжал чтение; он был в восторге, глаза его горели юношеским пламенем; в лице было столько торжественности, что казалось, оно распространяет лучезарный свет и что ему, как Моисею, нужно покрывало. Красота восторга лучше всех красот человеческих, ибо тогда человек перестает быть земным и начинает быть небесным; для нее не нужно ни юности, ни украшений. Наконец он поднял голову и увидел пришедшего.

"У ворот, святой отец, — сказал привратник, благословленный игумном, — стоит юноша, просит, чтоб ты принял его в монастырь; он печален, слезы льются из его очей, говорит о какомто преступлении. Прикажешь ли пустить его?" Игумен молчал, черты его изменялись, теряли свою торжественность и превращались в холодное, недоверчивое и строгое выражение, с которым он смотрел на несовершенный мир; но душа его отстала — она еще не пришла в обыкновенное положение. "Юноша, — говорил он сам с собою, — прелестное время... тогда родятся высокие мысли; где—то теперь друг моей юности?.." И воспоминание чего—то давно прошедшего навертывалось в уме его и манило к себе; но он был царем души своей, остановил порыв и продолжал: "Минутная злоба на мир, мечтаемое отчаяние, которое так любят юноши, — вот что их гонит, а пуще всего гордость. Гордость — ею владеет наш враг; всякое преступление скорее гордости искупится. Не уничтожить себя в Христе хотят они, а возвыситься над другими". Все это говорил он вполслуха, потом, обращаясь к привратнику: "Старик, поди и ляг спать; ответа не давай ему, не выходи до утра; ежели останется, ежели смиренно перенесет это унижение — тогда увидим". — "А дикие звери?" — заметил с жалостным видом старик. — "Они не растерзали Даниила в пещере львиной". — "Но холод ночи?" — "Вседержитель умеет хранить избранных; сын мой, да будет на тебе благословение божие!" Привратник вышел, а игумен, развлеченный его приходом, принялся за свиток; но чтение не шло вперед; то трещала светильня лампы, то горела очень тускло, и он должен был прерываться и поправлять. Но это происходило от другой причины: его занимал юноша; как искренно, горячо желалось ему, чтоб он перенес унижение, чтоб остался верен избранному поприщу: тогда он перельет в него всю душу; ему нужен чистый, юный человек. И бог знает, какие надежды он строил на нем... но еще искус его не должен был кончиться одною ночью, нет, скорее он лишился бы остальных братии, нежели в одной йоте избавить пришельца от целого ряда трудов и унижений.

IV

Шедше убо, научите вся языки, крестяще их во имя отца, и сына, и святаго духа.

Матф., гл. XXVIII, ст. 19

О сем разумеют вси, яко мои ученицы есте, аще любовь имате между собою.

Иоанн, гл. XIII, ст. 35

Солнце уже склонялось к западу, пышная природа Юга была во всей красе своего вечного лета, когда в длинной платановой аллее, обвитой каменною оградой монастыря, показался игумен с юным другом своим, Феодором; уже неоднократно изливал он долго страдавшую душу свою в этот чистый сосуд, — сосуд церковный, божий. Старец радовался, найдя человека, который так вполне понимает его; в сотый раз повествовал он ему свою жизнь и свои надежды, и в сотый раз с умилением и благодарностию слушал юноша. Они сели на простой скамье, отененной широкими листьями пальмы; каленый воздух наносил дивный запах алоэ и лимонных деревьев. Огромные цветы магнолии, прощаясь с солнцем, хвастались своими красивыми венчиками. Ручные антилопы спокойно щипали траву, пунцовые ориксы и зеленые голуби перелетали с ветки на ветку. Старик, казалось, помолодел и таким образом продолжал свой разговор:

— Что может быть выше призвания апостольского?.. С живым словом в душе, с пламенной верой, с пламенной любовью ко всему человечеству и к каждому человеку идет он в общество людей. Для их блага переносит гонения и страдания; в их души, не отверстые истине, зароняет слово веры — и какое наслаждение, когда слово не погибнет — разовьется. Сильно живое слово, ничто не остановит его; тщетно земной человек противудействует своему спасению. Оно увлечет его.

Посмотри, как человек усиливается воздвигнуть башню Вавилонскую и как не может ничего сделать. Рим, твердейший столп храма земного, сильнейшее проявление человека Адамова, последняя твердыня его, — разве не носил зародыш своей гибели в самом развитии своем? Борение составляло его жизнь, ибо борение назначено в удел Адаму — пот, и пот кровавый. Но как во Адаме все умирают, так во Христе все оживут. Господь примиряет с собою человека, и чем же? — Он снисшел до человека, чтоб человека возвысить до бога. Море благости и милосердия, он не хочет прямо простить человека: это уронило бы падшего, греховного; он дает ему самому средство искупления в Христе[20]. И Христос, единый правый, страдает за всех виновных. Весь земная падает, весь небесная создается. Что за торжественный день для мира, когда он огласился в первый раз евангелием! Мир, истерзанный войною, услышал слово мира, мир попранный — слово свободы, мир ненависти — слово любви, мир неверия — слово веры. Всем говорило евангелие; исчезли племена и состояния, фарисей и саддукей отвергнуты, эллин и иудей приняты; всех манило оно в лоно божье, всех в объятия братства — первый Адам стал душою живущей, последний Адам есть дух животворящий. — И чтобы человек остался безответен гласу апостольскому? — Никогда! Никогда!

Нет, слишком мрачно смотрел любимец Его с Патмоса, когда, увлеченный своим восторгом, он писал огненные строки Откровения. Сион божий, весь Христова еще здесь, на сем мире, осуществится, она уже началась и вспять идти не может.

"Се дах пред тобою двери отверсты и никтоже может затворити их"... Пал Вавилон, пал Вавилон и не воскреснет более; пал

---

[20] Это мысль Данте. — Примеч. автора

великий город, облеченный в виссон, и порфиру, и багряницу, украшенный златом и камнями, и плачут о нем купцы, издали всматриваясь в развалины города, где они торговали и миррой, и фимиамом, и конями, и телами, и душами человеческими. Силен враг, живущий в развалинах, но он побежден, и мир, как Савл, сделается из гонителя апостолом, из воина крови воином Христовым. — Понятны мне грустные звуки, вырывающиеся из души Иоанна; его пламенный нрав не умел ждать; но не прав он; разве не при нем уже началась битва, на которую ангел звал вранов пожирать трупы сильных, и он, некогда склонявший главу на грудь Его, уже видел потрясенный Рим — словом евангелия? И кто же потрясли его? Эти гонимые, униженные, отреби миру, скитающиеся, нагие, в то время как о силу его раздробились народы всей земли. Оттого что голос их был голос бога, голос человечества, оттого что они душою предали себя Христу и своему призванию. Этого голоса не сковали темницы, не казнили секиры, не растерзали тигры.

Что против этой любви и веры могли легионы, и патриции, и цезари? Эти люди веры были сильнее сильных мира сего, которые с улыбкою презрения говорили о назарянах. "Ничего не имея, — по словам Павла, — и всем обладая".

Сын мой, несмотря на то, что я горько обманулся в людях, я убежден в скором утверждении царства Христова. Священные минуты, когда явилась мне впервые мысль этого Снопа, когда я прозрел ее в евангелии, когда так близко казалось мне осуществление ее... Настал для человечества день исхождения из Египта. Труден путь: и степа, и голод, и жар; но снова разделит Иегова нам Чермное море и введет в землю обетованную. Мы, может, погибнем в пути, но они перейдут — не достаточно ли одной этой мысли, чтоб с сладкою надеждой явиться пред судиею, исполнив долг свой? — Долго нам еще странствовать, и ужасно теперичное состояние. Гонения остановились, но слабые пали духом. Христиане сделались хуже язычников.

Где эта семья, у которой было одно сердце, одна душа, где собственности не было, а было все общее, как говорит Лука?

Где братство, в котором были и невежды, и ремесленники, и пахари, и старые женщины и из коих выбирались вожди церкви Христовой, и какие вожди?

— Но не будем сетовать, пускай смердят и разлагаются остатки древнего мира; не из развалин его построится Сион, они нечисты. — Ежели б ты знал, что такое Византия... Грехи ее дошли до неба, и бог воспомянул неправды ее; на ней совершится громовое пророчество Исайи, она будет рабою иноплеменников. И там, в этой—то Византии, я видел великих светильников церкви; духовенство отделилось от мирян, и в нем сохраняется весь Христова; оно—то собиралось в Никее, в этот великий день веры оно не простило Константина, облитого тройною кровью — сына, племянника и жены. Да, среди пустынь, за стенами монастырей, возрастет слово Христово: "И свет во тьме светит, и тьма его не объяла", — и оттуда пересодится на открытое поле, когда из него исторгнутся плевелы. — Догнивайте же, остатки Вавилона, снедаемые собственными пороками, гибните в сладострастии и сребролюбии, гибните в гнусных, позорных руках евнухов и женщин.

— Неужели, отец мой, ты рядом ставишь женщин с этими полулюдьми? — спросил юноша.

— Нет, но, — сказал игумен, строго взглянув на Феодора, — но бойся женщин; их красота — красота Авадонны.

— Но красота от бога и есть проявление его, говорит Августин, который сам любил.

— Горе тебе, ежели ты только нашел в Августине, — возразил старец. — Далила, обрезывающая власы Самсона, — вот образ всех женщин. Вспомни, что Сирах боялся их, как ядовитых скорпионов, более, нежели тигра и дракона. Их слабые души, их изнеженные тела привязывают к земле; не имея сил, они коварны; не имея возможности подняться, они держат нас, как жена Потифара, за край одежды. Женщина требовала главу Иоанна, женщина была первая преступница в обществе апостольском... но отчего же ты огорчился, Феодор? Но я знаю тебя... наш разговор зашел далеко, пора готовиться к девятому часу... Верь мне, юноша: скуделен сосуд этот, и гибельна красота его. Благословим память Марка, основавшего в твоей родине жизнь монастырскую. Здесь мы можем работать для человечества, и ничто не отвлечет нас. Семья Иисуса были его ученики, семья наша — братия. Игумен кончил, встал и пошел по аллее. Юноша долго смотрел ему вслед и был взволнован. "Женщина требовала главу Иоанна, — думал он, — но дева родила Христа. Сирах...

Сирах же говорит, что женщина добродетельная есть солнце, восходящее на небе господнем, ясный светильник на церковном подсвечнике. И кто распял Его? И кто стоял при кресте?

О, ты, ты один справедлив, Сын божий, ты простил даже преступную..." Но вдруг лицо его вспыхнуло, слезы налились в глаза, и он воскликнул: "Ты прав, ты прав, отец святой".

V

15. За тем я вышла ранним утром из дома, чтоб найти тебя, — и нашла.
16. Я ложе мое украсила цветными коврами египетскими.
17. Я облила его миррою, алоэ и кинамонами.
18. Приди насладиться любовью.

Соломон, Пр., гл. VII

За несколько лет перед тем, как игумен доказывал Сирахом, что женщины страшнее дракона, и Феодор оправдывал их Сирахом, говоря, что они похожи на солнце, — опустел дом одного богатого гражданина в Александрии. Этот гражданин был женат на прелестной египтянке, любил ее, как африканец, — и она любила его, до тех пор пока не приехал в Александрию греческий вельможа с сыном. Византийский юноша, прелестный собою, со всею изысканностью нравов падающего царства, со всею привлекательностию ложного просвещения, понравился египтянке; она изменила мужу, потом сделалась грустна, задумчива; какая—то сокровенная мысль терзала ее; она не могла смотреть на обманутого и оставила его. Тщетно искал он ее; никогда не было ни малейшей вести о преступной. С того времени пышный дом его превратился в гроб, тоска снедала сердце, растерзанное сомнениями; он не знал о измене и не понимал причину бегства; худой, убитый, он больше походил на вызванного духа, нежели на человека. Много лет прошли в печали и слезах, и как наиболее питают надежду люди, не имеющие на нее никакого права, так и он ждал беспрерывно то ее возвращения, то какого—нибудь известия и, не получая никакого, тем с большею уверенностью хватался за всякую тень надежды.

И вот однажды снится ему сон, будто ангел господень, с вечно юным лицом, с улыбкой на устах, летит с неба, летит прямо к нему, останавливает свой полет над его головою, качается на дивных крыльях и, сказав: "Нынче у храма св. Петра", летит наверх петь бога.

Он проснулся; сны иногда бывают так ярки, так выразительны, что нельзя им не верить. Он добавил к словам ангела смысл, который хотел, поспешно оделся и отправился к храму св. Петра. С ранней зарею сидел он уже на мраморных ступенях, под колоннадою храма, осматривая каждого человека, как таможенный пристав. Сначала прохожие были редки, потом целыми толпами двигались они по площади. Житель стран полуденных не умеет сидеть дома; многие укрывались от солнечного зноя под тем же порталом. Но где же она? Никто не обращал на него внимания, никто не говорил с ним, и он пользовался этим уединением особого рода, которое ощущает человек в толпе людей, когда не делит с ними ни их желаний, ни их мыслей. Твердо полагаясь на глас божий, он ждал и ждал. — Кто—то ехал на ослице в черном платье; он не спускал глаз с него; но это был монах. Инок подъезжал к храму, слез с ослицы и, как бы пораженный неподвижностью сидящего, дрожащим голосом сказал ему едва внятно: "Добрый день, господин". Он не обратил на него внимания, не его искал несчастный. Монах оставил ослицу и взошел в храм; потом народ опять начал редеть, уходить; солнце садилось, ночь наступала, и отчаянный муж, второй раз теряя свою жену, тихими шагами побрел домой. Через несколько времени вышел монах, тотчас обратил глаза на место, где сидел несчастный, и, как бы обрадованный его уходом, поспешно сел на свою ослицу, вздохнул, перекрестился, еще раз вздохнул и поехал к городским воротам.

Было поздно; сильный ветер дул с взморья; черные тучи, окровавленные снизу лучами солнца, роняли огромные капли теплой воды на растрескавшуюся землю. Феодор, взволнованный встречею и боясь грозы, не хотел ехать далее и свернул в монастырь Энат, лежащий возле Александрии. Служитель божий, гражданин всего мира христианского, в те времена везде находил отворенную дверь, и всюду приход его считался счастием, тем паче в монастыре, куда приходили все бедные и труждающиеся дети церкви.

Вечерняя молитва началась. Феодор взошел в церковь и удалился в небольшое углубление, бывшее в стене; там, никем не зримый, хотел он принесть свою молитву Искупителю. Тихое, стройное пение монахов едва было слышно, и тем невещественнее, тем неопределеннее, тем святее становилась песнь. Полузвуки согласовались с полумраком, в котором был погружен храм; своды, казалось, исчезли, стены — какими—то массами тумана; дым из кадильниц, виясь около изображений, придавал им таинственное движение. И шаги по каменному полу, и мелькание черной рясы, и ее шорох увеличивали торжественность, возможную только в храме божием и которую испытал всякий, с чистой душою входивший в церковь. Тем сильнее действовала она на мечтательного Феодора, — его можно было принять за изваяние; именно он, как статуя, выражал одно чувство — чувство молитвы. Иногда слабый вздох вырывался из пруди его, как будто он упрекал себя в чем—то, иногда и слеза навертывалась, но восторг все поглощал, соединяя все мысли в гимн.

...Близ углубления, где был Феодор, стояла молодая женщина, прелестная собой, как те девы Востока, о которых пел Низами; сначала молилась и она; но вскоре молитва исчезла с уст ее; беспрерывно смотрела она на юношу; освещенный последним остатком света, окруженный мраком, Феодор казался ей чем—то принадлежащим нездешнему миру; она думала видеть архангела, принесшего благую весть деве иудейской... Огненная кровь египтянки пылала. Окончилось вечернее моление. Феодор пошел к игумну, не обратив на нее ни малейшего внимания, сказал ему о причине приезда и просил дозволения переночевать. Игумен был рад и повел Феодора к себе... Первое лицо, встретившее их, была женщина, стоявшая близ Феодора, дочь игумна, который удалился от света, лишившись жены, и с которым был еще связан своею дочерью; она приехала гостить к отцу и собиралась вскоре возвратиться в небольшой городок близ Александрии, где жила у сестры своей матери. В ленивой груди жителя Юга бывают минуты торжественные; в такую минуту он переживет все, что по мелочи испытает гиперборей. У него страсть родится, подобно дочери Зевса, в полном вооружении. Зажженная однажды, она может гореть и жечь его до гроба. Его страсть любит до уничтожения предмета любви, пылает местью до уничтожения самого себя. Эта огненная масса, внезапно воспламеняющаяся и никогда не тухнущая. Египтянка любила Феодора пламенно, безвозвратно.

Бледные девы Севера не поверят этому; они не знают этого ада страстей, привыкнувшие к своим мечтам о духовном, о небе, то есть не о настоящем небе, а о том, которое они создали себе для бегства от скупой и туманной природы. Она с жадностию впивала каждый взор его — но этот взор был обращен к небу; с жадностию слушала каждое слово — но это слово было о боге. "Любовь, — сказал он, — вот основание мира, и апостол говорит, что недостаточна вера, ежели нет любви". Но не о земной любви говорил юноша, о земной понимала дева.

Взошедши в келью, для него приготовленную, Феодор бросился на скудную постель из банановых листьев и не тушил еще лампы, как вдруг начала отворяться дверь и тихо—тихо взошла какая—то старуха с темным, загорелым лицом наших цыган, с впалыми щеками и неверным взглядом; украдкой окинув горницу, она сказала: "Служитель Христов, есть человек, нуждающийся в твоей помощи; не откажись идти за мною". Феодор молча встал и пошел за нею. Вышли на двор, все было темно; подошли к какой—то маленькой двери; старуха отворила ее; за нею еще мрачнее; пустила его вперед и исчезла; но не долго стоял Феодор — его взял кто—то за руку, и на этот раз не высохшая, костлявая, угловатая рука старухи, а нежная, мягкая, трепещущая ручка, горячая, как каленое железо. Прикосновение во мраке всегда наводит ужас, и Феодор содрогнулся. "Сюда", — прошептал едва внятный голос, и он смиренно шел; небольшой переход оканчивался дверью; ее отворил его спутник, и в нем он узнал прелестную дочь игумна.

Полунагая, едва одетая легкой тканью, которая более обнаруживала ее красоту, нежели скрывала своими фантастическими драпри, трепещущая и огненная, стояла она перед ним, не смея ни поднять на него взора, ни оторвать его от пестрых цветов ковра, до которого чуть касались ее маленькие ножки.

Слезы катились из ее глаз, засыхая на разгоревшихся, воспаленных щеках.

— Странник, — сказала она, долго принуждая себя сказать то, о чем молчать ей казалось так трудно, — прости меня...

Странник, я люблю тебя... но, бога ради, не смейся надо мною... Я видела, как ты молился; твой вдохновенный взор, твое лицо, твой страстный взгляд не идут молитве; твоя душа пламенна, она не может удовлетвориться молитвою; ты обманываешь себя. Люби меня... может, тебе неизвестно это море блаженства, я тебе раскрою его, мы потонем в его волнах; я сожгу тебя моим поцелуем, я обовьюсь, как эфеу, около тебя, я умру, целуя тебя... — И, говоря это, дева в самом деле тонула в океане страстей и, полумертвая, дрожащая, готова была броситься в объятия юноши; но они не раскрылись. Спокоен и тих был взор Феодора; таким взором смотрит луна на бешеную Этну, пламенем раздирающую свою грудь.

— Дева, — сказал он ей, — благодари судьбу, что ты это говоришь мне, отжившему для мира сего; я не воспользуюсь слабостью овцы гибнущей. Вспомни, что ты христианка. Я соединю свои молитвы с твоими, чтобы господь извел из тебя злого духа, губящего душу твою. Дева, и я был порочен, и я знаю, как слабы женщины... тем сильнее будет молитва моя, тем спасительнее тебе.

— Как, ты любил! — воскликнула она. — Ты любил! — и ревность к прошедшему взволновала ее грудь, в которой не было места и одной страсти.

— Где она?., но.., но, может, ее уж нет, может, она изменила, может, в ней не было этой бешеной страсти? О, я заменю ее, я свободна, как птица небесная; бежим в Грецию, там... —

Остановись, — сказал Феодор, и ланиты его показали, что он еще человек; но что их оцветило — любовь или воспоминание? — Я богу дал клятву, и ничто не сокрушит ее.

— Лицемер, деве дал ты клятву; обманщик, тебе ли носить монастырское платье? Да, это ясно; теперь все понимаю — но я умею мстить; ты видел, как необузданны страсти мои...

И неужели твое сердце до того принадлежит другой, что нет места для меня? Один час, одну минуту дай насладиться тобою, и я счастлива, и возьми после жизнь мою, на что мне она тогда; и в этой минуте я солью все, и рай позавидует мне.

Ты смущен; нет, нет, эта грудь не из гранита!

И она бросила лампу на пол, и душистое масло струями разлилось по ковру, и светильня, вспыхивая, и потухая, и курясь, прожгла его... судорожная рука обвилась около юноши, дрожащие уста с своим огненным, сладострастным дыханием коснулись уст Феодора; тщетно хотел он вырваться.

— Нет, нет, ты мой, я тебя не пущу! — шептала она, целуя его.

Ясно и душно было утро, когда на ослице тихо подъезжал Феодор к Октодекадскому монастырю, везя елей для храма. Черты лица его, утомленные зноем, выражали опять то же спокойное, святое чувство, с которым он выехал за два дня из этой ограды. По временам взор его делался мечтателен, далеко устремлялся в пространное поле и, казалось, выпрашивал какого—нибудь предмета или искал кого—нибудь, но тотчас приходил он в свое всегдашнее положение. Молитва виднелась на устах, молитва во взоре, молитва в нем самом... и привратнцк, тот же старец, которого он ждал целую ночь, но еще старее, отворил ему ворота, и он опять въехал в этот тихий, умерший двор, где люди не измяли зеленой травы, где одни черные рясы мелькали меж белых надгробных камней, где душистые лимоны и пышные смоковницы заслоняли одни черные рясы и белые надгробные камни.

VI

17. И сказала ему: "Еврейский раб, которого ты привел в дом свой, хотел меня обесчестить..."
20. Тогда бросил он его в темницу...
21. Но господь был с ним.

Моисей, Кн. бытия, гл. 39

— Нет, это клевета, — сказал игумен Октодекадского монастыря, — гнусная, черная клевета. — И тень сомнения уже прокралась на, его лицо, и он, казалось, разуверял себя более, нежели стоящего возле монаха.

— Но пояс, — возразил тот.

— Хорошо. Неси лобзание мира нашему брату и скажи, что я спрошу у обвиняемого, и да падет вся строгость на главу преступную.

Монах склонился и вышел. Лицо игумна было ужасно, жилы на висках налились кровью и бились; он был смущен, несмотря на свою обычную твердость, и не знал, верить ли или нет какому—то обвинению, и то укорял себя в сомнении, приискивая наказание виновному, то верил обвинению, приискивая доказательства к опровержению его; он то вставал и прохаживался, то садился; наконец, обращаясь к молодому монаху, сказал: "Позови брата Феодора и оставь его со мною наедине".

Тихая, аскетическая жизнь подняла так фантазию Феодора, так приучила его и созерцательности, что он целые часы проводил, мечтая то о прелестной жизни, которая готовится праведнику в обителях рая, то о соделании всей земли одною паствою Христа, то погружался в созерцание бога и, долго теряясь в бесконечном, вдруг спускался на землю; и как хороша она ему казалась тогда, как ясно выражала Его и как понятно говорило и это ветвистое дерево, и эта пернатая птица! В такой—то созерцательной минуте был он, когда его позвали к игумну; это было так обыкновенно, что он, нисколько не удивясь, пошел к нему с светлым вдохновенным лицом, торопясь пересказать все, что чувствовал.

С холодным и важным видом встретил его игумен, пристально посмотрел на прелестного юношу и уже почти оправдал его в душе.

— Феодор, — сказал он, подавая письмо, — прочти его и скажи, правда ли?

Феодор стал читать письмо. Игумен остановил на нем испытующий взор, но юноша спокойно прочел и твердо сказал: — Видит бог, что ложь.

— Твой ли это пояс?

— Мой.

— Где ты потерял его?

— Не помню, святой отец; я хватился его, возвратясь из Александрии, уже дома.

— Это пояс женский, — прибавил игумен, рассматривая.

— Я с ним пришел семь лет тому назад, — ответил Феодор не совсем верным голосом и наклоняя голову, чтоб скрыть пурпур, покрывший щеки его.

Игумен не заметил. Туча пронеслась.

— Я был уверен в твоей невинности, сын мой; нет, ты не мог так пасть, бог не дает порочному такой души; тебя избрал он в свое воинство, — и игумен обнял его, и тронутый Феодор рыдая целовал в плечо старика.

Но чрез несколько месяцев опять явились монахи энатские; они принесли с собою младенца, бросили его середь двора и с злобной усмешкой сказали: "Братия, ваше дело вскормить чадо порочной жизни вашей!" Обиженная братия требовала, чтоб назвали виновного, — ей отвечали именем Феодора. — Никто не верил, все просили игумна, чтоб он допросил виновного, и игумен, непоколебимый в своей доверенности, спокойно сказал: "Судите его сами", твердо убежденный, что одно слово, один вид Феодора будет полным оправданием. Он втайне даже радовался торжеству своего друга. Призвали Феодора. Игумен ждал с нетерпением оправдания, ободрял его взглядом, улыбкой; и каково же было удивление старика, когда Феодор, преклоняя колена, трепещущий, прерывающимся голосом от слез едва произнес: "Прости, отец святой, прости... я обманул тебя, ужасно обманул". Старец был притоптан к земле, не мог поднять глаз, ни вымолвить слова; пятна вышли на его лице, рука перестала перебирать четки и судорожно дрожала. Наконец, гордо взглянув на братию, он сказал повелительным голосом: "Изгнать презренного обманщика из монастыря, он пятнает нас". И озлобленная братия, униженная поступком Феодора, осыпала его насмешками и бранью; даже несколько камней полетело в юношу; все волновалось и кричало; один обвиненный стоял спокойно; минута волнения прошла, — это был прежний Феодор, то же вдохновенное лицо, и ясно обращался его взор на братию и к небу; и когда игумен, боясь тронуться его видом, спросил: "Чего же медлите вы?" — тогда Феодор возвел очи к небу, говоря: "Господь, теперь я вижу, что ты обратился ко мне, что грешная молитва дошла до подножия твоего". Потом упал он ниц пред игумном и сказал: "Не прощенья молю я, но молись о душе преступной, которая никогда не забудет тебя..." Слезы не дозволили ему продолжать...

"Молитесь и вы, братия", — прибавил он, вставая и низко кланяясь им. Наконец подошел к ребенку, взял его на руки, поцеловал и с видом искренней любви сказал ему: "Не плачь, дитя, не плачь". Долее не мог вытерпеть игумен; он чувствовал, что слезы готовы брызнуть из глаз; он встал и пошел в келью.

Взошедши в нее, раздраженный и недовольный собою, сел к окну и смотрел, как монахи вели Феодора к воротам, наперерыв осыпая бранью, как вытолкнули его; все было к Феодору немилосердно, даже старый привратник ударил его тростью. Феодор терпел все, защищая ребенка и как будто взором говоря: "Онто чем виноват?"

"Так я никогда не был обманут, — думал игумен. — Это — искушение дьявола... Но как добр, как восторжен он был сначала и все семь лет! Я его любил, как сына, более, нежели как сына... Но как же он читал письмо так спокойно? Надобно быть очень порочну, чтоб скрывать пороки. Его погубила, увлекла эта женщина, а он еще защищал их, порождение ехидны, лишившее рая первого человека... И в самое то время, как он признавался, в моем сердце кричал голос: "Он невинен!"

Никогда не надобно доверяться этому голосу. А как он перенес стыд и наказание! Каким взором взглянул на меня!.. О Феодор, зачем ты пал? Ты мне был так необходим; кто заменит тебя?.. Но не стыдно ли жалеть о нем? Старик, вот плоды твоей опытности, мальчишка обманул тебя. — И он смеялся судорожным смехом. — Не прав ли я был, сомневаясь принять его в монастырь?" Тут он остановился, — эта мысль мирила его с собою, — и начал думать не о Феодоре, но о новых искусах для приходящих. Ужасно хоронить друга; но еще ужаснее видеть свою ошибку в человеке, с которым делил душу, помыслы, это — кусок мяса, оторванный от сердца, горячий, кровавый. Игумен после этого происшествия сделался еще мрачнее, не велел при себе поминать бывшего друга, старался стереть его в памяти — и не мог забыть.

Между тем несчастный Феодор, опозоренный, униженный, изгнанный, был встречен людьми, которые слышали о его вине и ругались над ним еще злее монахов. Посредственность до того ненавидит все высшее, что для нее торжество всякое падение; сверх того, она воображает, что, бросая камень в виновного, закроет свои пороки. — Яростными голосами кричала толпа: "Где же сын живого мертвеца, отказавшегося от земли?" Феодор вынимал младенца из мантии и говорил: "Вот он"; но в этом не была видна дерзость злодея, который нагло показывает клеймо варнака, но какое—то самоотверженное чувство своего преступления; казалось, он просил их наказать себя и был готов все перенести.

У Феодора не было ничего; бедность грозила ему своими худыми руками, посиневшими от стужи, иссохшими от голода; никто не подавал ему милостыни; на последние деньги купил он молока младенцу, сам питался кореньями и морскими раковинами... "И хождаше по пустыне скитался, очерне же плоть от зимы и зноя, и очи потемнеша от горького плача, и живяша со зверьми", — этими словами описывает мартиролог его жизнь.

VII

Простри длани твоя и приими душу мою, юже в жертву принесох любви ради твое я.

Житие св. Екатерины

У гроба Феодорова сидел грустный игумен — и с ним тот самый александриец, который так усердно ждал свою жену у храма Петра. Александриец плакал, игумен молился; никто не прерывал тишины — она продолжалась некоторое время. Но вдруг отворилась дверь, и взошел игумен энатский с монахом, которого он присылал обвинять Феодора. Тело усопшего было покрыто; игумен Октодекадского монастыря открыл голову и спросил своего собрата — это ли Феодор?

— Он самый, — отвечал тот.

— Обесчестивший у нас девицу, — прибавил монах. С горькой улыбкой отдернул игумен покрывало и указал женские перси.

— Это жена его, Феодора, — сказал он, указывая на александрийца.

— Воплощенный ангел! Прости мне, что я, слабый грешник, не постиг твоего величия, и моли у всевышнего, да отпустятся мне грехи мои...

Старик залился слезами и склонил голову свою к покойнице. Небесная улыбка видна была на холодных устах, которые, казалось, хотели открыться еще раз для того, чтоб сказать игу мну:

"Я прощаю тебя".

...И написующе тое неточие на хартиях,
но и в сердцах ваших, прости —
рахуся к подвигам великим
и благоугождаху богу.

Крутицкие казармы,
1835 года февраль.
(Переписано в Вятке, 1836 г., марта 12)

МИМОЕЗДОМ

...Ехавши как—то из деревни в Москву, я остановился дни на два в одном губернском городе. На другое утро явилась ко мне жена одного крестьянина из нашей вотчины, который торговал тут. Она была в отчаянии: муж ее сидел шестой месяц в остроге, и до нее дошел слух, что его скоро накажут. Я расспросил дело; никакой важности в Преступлении его не было. Я знавал когда—то товарища председателя, честнейшего человека в мире и большого оригинала; отправляюсь прямо к нему в уголовную Палату; присутствие еще не начиналось; мой старичок, с своим добродушным лицом и с синими очками на глазах, сидел один—одинехонек, читая страшной толщины дело. Мы с ним не видались года три, он обрадовался мне, и я ему обрадовался, не потому, чтобы мы друг друга особенно любили, а потому, что человек всегда радуется, когда увидит знакомые черты после долгого отсутствия. Я сказал ему о причинах моего появления. Он велел подать дело; резолюция была подготовлена, я попросил его обратить внимание на некоторые "облегчающие обстоятельства", он согласился в возможности уменьшить наказание.

Поблагодаривши его, я не мог удержаться, чтобы не сказать ему, дружески взявши его за руку:

— Владимир Яковлевич, ну, а если б я не пришел да не. попросил бы вас перечитать дело, мужика—то бы наказали строже, нежели надобно.

— Что делать, батюшка, — отвечал старик, поднимая свои синие очки на лоб, — совесть у меня чиста; я, не читавши всего дела, никогда не подпишу протокола, но, признаюсь, как огня боюсь отыскивать облегчающие причины.

— Ну, вас нельзя обвинить ни в снисходительности, ни в особом желании облегчить участь подсудимого.

— Совсем напротив. Я двадцатый год служу в этой палате, а всякий раз как придется подписывать строгий приговор, так мурашки по телу пробегут.

— Так отчего же вы не любите облегчающих обстоятельств? —

Ведут далеко, вот что; право, вы, нынешние, все только вершки хватаете — ну, ведь вы, чай, служили там где—нибудь в министерстве, а дела, наверно, в руки не брали; но вам оно все темная грамота. Не хотите ли позаняться у нас в архиве, прочтите дела хоть за два последние года, вперед пригодится, и судопроизводство узнаете, и людей тоже. Тут и поймете, что такое отыскивать оправдания и куда это ведет.

— Благодарю за доброе предложение, однако прежде, нежели я перееду в ваш архив на несколько месяцев, — скорее не прочтешь двух полок, — объясните теперь еще более непонятное для меня отвращение ваше от облегчающих обстоятельств. Хлопот, что ли, много, времени недостает рыться в каждом деле?

— Господи, прости мои прегрешения, да что я, батюшка, в ваших глазах турка или якобинец какой, что из лени (заметьте, якобинцев во всем обвиняли прежде, но исключительно Владимиру Яковлевичу принадлежит честь обвинения их в лени) стану усугублять участь несчастного; говорю вам — далеко поведет.

— Воля ваша, я готов согласиться, что я непростительно туп, но не понимаю вас.

— О... о... ох, эти мне петербургские чиновнику портфельчик эдакий сафьянный с золотым замочком под мышкой, а плохие дельцы. Да помилуйте, возьмите любое дело да начните отыскивать облегчающие обстоятельства, от одного к другому, от другого к третьему, так к концу—то и выйдет, что виноватого вовсе нет. Что же за порядки?

— Тем лучше.

— Так это, по—вашему, за все по головке гладить. Это где—нибудь в Филадельфии хорошо, где люди друг друга едят, как же в благоустроенном обществе виноватого не наказать?

— Да какой же 0й виноватый;, когда вы сами найдете ему оправдание?

— Ну, да эдак и всякого оправдаешь, коли дать волю мудрованиям. Я разве затем тут посажен? Я старого покроя человек, мое дело — буквальное исполнение, да и так нехорошо — ну, как же, видишь, что человек украл, вор есть, а тут пойдет... да он от голоду украл, да мать больна, да отец умер, когда ему было три года, он по миру с тех пор ходил, привык бродяжничать... и конца нет; так вора и оставить без наказания? Нет, батюшка, собственное сознание есть, улики есть — прошу не гневаться, XV том Свода законов да статейку. Вот оттого эти облегчительные обстоятельства для меня нож вострый, мешают ясному пониманию дела.

Теперь я, знаете, понаторел и попривык, а, бывало, сначала, ей—богу, измучишься, такой скверный нрав. Ночью придет дело в голову, вникнешь, порассудишь — не виноват, да и только, точно на смех, уснуть не дает: кажется, из чего хлопотать, — не то что родной или друг, а так — бродяга, мерзавец, беглый... поди ты, а сердце кровью обливается. Оправдай этого, оправдай другого, а там третьего... на что же это похоже, я себя на службе не замарал, честное имя хочу до могилы сохранить. Что же начальство скажет — все оправдывает, словно дурак какой—нибудь, да и самому совестно. Я думал, думал, да и перестал искать облегчающих причин. Наша служба мудреная, не то что в гражданской палате — доверенность засвидетельствовал, купчую совершил, духовную утвердил, отпускную скрепил, да и спи спокойно. А тут подумаешь — такой—то Еремей вот две недели тому назад тут стоял, говорил, а идет теперь по Владимирской; такая—то Акулина идет тоже, да и, знаете... того... на ногах... ну и сделается жаль. Понимаете теперь?

— Понимаю, понимаю, добрейший и почтеннейший Владимир Яковлевич. Прощайте, этого разговора я не забуду.

— Пожалуйста, батюшка, по Питеру—то не рассказывай такого вздору, ну, что скажет министр или особа какая — "Баба, а не товарищ председателя".

— О нет, нет, будьте уверены — я вообще с особами ни о чем не говорю.

ДОКТОР КРУПОВ

О ДУШЕВНЫХ БОЛЕЗНЯХ ВООБЩЕ И ОБ ЭПИДЕМИЧЕСКОМ РАЗВИТИИ ОНЫХ В ОСОБЕННОСТИ

Сочинение доктора Крупова[21]

Много и много лет прошло уже с тех пор, как я постоянно посвящаю время, от лечения больных и исполнения обязанностей остающееся, на изложение сравнительной психиатрии с точки зрения совершенно новой. Но недоверие к силам, скромность и осторожность до-реле воспрещали мне всякое обнародование моей теории. Ныне делаю первый опыт сообщить благосклонной публике часть моих наблюдений. Делаю оное, побуждаемый предчувствием скорого перехода в минерально-химическое царство, коего главное неудобство — отсутствие сознания. Полагаю, что на — мне лежит обязанность узнанное мною закрепить, так сказать, вне себя добросовестным рассказом для пользы и соображения сотоварищам по науке; мне кажется, что я не имею права допустить мысль мою бесследно исчезнуть при новых, предстоящих большим полушариям мозга моего, химических сочетаниях и разложениях.

Узнав случайно о вашем сборнике, я решился послать в него отрывок из введения потому именно, что оно весьма общедоступно: в оном, собственно, содержится не теория, а история возникновения оной в, голове моей. При сем не

---

21 Этот небольшой отрывок был помещен в "Современнике" 1847 года с значительными пропусками, сделанными цензурой. Мы его печатаем теперь в настоящем виде. (Примеч. А. И. Герцена.

излишним считаю предупредить вас, что я всего менее литератор и, проживая ныне лет тридцать в губернском городе, удаленном как от резиденции, так и от столицы, я отвык от красноречивого изложения мыслей и не привык к модному языку. Не должно, однако, терять из виду, что цель моя вовсе не беллетристическая, а патологическая. Я не пленить хочу моими сочинениями, а быть полезным, сообщая чрезвычайно важную теорию, доселе от внимания величайших врачей ускользнувшую, ныне же недостойнейшим из учеников Иппократа наукообразно развитую и наблюдениями проверенную.

Сию теорию посвящаю я вам, самоотверженные врачи, жертвующие временем вашим печальному занятию лечения и хождения за страждущими душевными болезнями.

S. Croupoff M. et Ch. Doctor.[22]

I

Я родился в одном помещичьем селении на берегу Оки. Отец мой был диаконом. Возле нашего домика жил пономарь, человек хилый, бедный и обремененный огромной семьей. В числе восьми детей, которыми бог наградил пономаря, был один ровесник мне; мы с ним вместе росли, всякий день вместе играли в огороде, на погосте или перед нашим домом. Я ужасно привязался к товарищу, делился с ним всеми лакомствами, которые мне давали, даже крал для него спрятанные куски пирога, кашу — и передавал через плетень. Приятеля моего все звали «косой Левка», он действительно немного косил глазами. Чем более я возвращаюсь к воспоминаниям о нем, чем внимательнее перебираю их, тем

22 С. Крупов, медицины и хирургии доктор (лат.)

яснее мне становится, что Пономарев сын был ребенок необыкновенный; шести лет он плавал, как рыба, лазил на самые большие деревья, уходил за несколько верст от дома один-одинехонек, ничего не боялся, был как дома в лесу, знал все дороги и в то же время был чрезвычайно непонятлив, рассеян, даже туп. Лет восьми нас стали учить грамоте; я через несколько месяцев бегло читал псалтырь, а Левка не дошел и до складов. Азбука сделала переворот в его жизни. Отец его употреблял всевозможные средства, чтобы развить умственные способности сына — и не кормил дня по два, и сек так, что недели две рубцы были видны, и половину волос выдрал ему, и запирал в темный чулан на сутки, — все было тщетно, грамота Левке не давалась; но безжалостное обращение он понял, ожесточился и выносил все, что с ним делали, с какой-то злою сосредоточенностию. Это ему не дешево стоило: он исхудал, вид его, выражавший прежде детскую кротость и детскую беззаботность, стал выражать дикость запуганного зверя; на отца он не мог смотреть без ужаса и отвращения. Побился еще года два пономарь с сыном, увидел наконец, что он глупорожденный, и предоставил ему полную волю.

Освобожденный Левка стал пропадать целые дни, приходил домой греться или укрываться от непогоды, садился в угол и молчал, а иногда бормотал про себя разные неясные слова и вел дружбу только с двумя существами — со мной и с своей собачонкой. Собачонку эту он приобрел неотъемлемым правом. Раз, когда Левка лежал на песке у реки, крестьянский мальчик вынес щенка, привязал ему камень на шею и, подойдя к крутому берегу, где река была поглубже, бросил туда собачонку; в один миг Левка отправился за нею, нырнул и через минуту явился на поверхности с щенком; с тех пор они не разлучались.

Лет двенадцати меня отправили в семинарию. Два года я не был дома, на третий я приехал провести вакационное время к отцу. На другой день утром рано я надел свой новый затрапезный халат и хотел идти осматривать знакомые места.

Только я вышел на двор, у плетня стоит Левка, на том самом месте, где, бывало, я ему давал пироги; он бросился ко мне с такою радостью, что у меня слезы навернулись. «Сенька, — говорил он, — я всю ночь ждал Сеньку». Груша вчера молвила: «Сенька приехал», — и он ласкался ко мне, как зверок, с каким-то подобострастием смотрел мне в глаза и спрашивал: «Ты не сердит на меня? Все сердиты на Левку, — не сердись, Сенька, я плакать буду, не сердись, я тебе векшу поймал». Я бросился обнимать Левку; это так ново, так необыкновенно было для него, что он просто зарыдал и, схвативши мою руку, целовал ее, я не мог ее отдернуть, так крепко он держал ее. «Пойдем-ка в лес», — сказал я ему. «Пойдем далеко за буераки, хорошо будет, очень хорошо», — отвечал он. Мы пошли; он вел версты четыре лесом, поднимавшимся в гору, и вдруг вывел на открытое место; внизу текла Ока, кругом верст на двадцать стелился один из превосходных сельских видов Великороссии.

«Здесь хорошо, — говорил Левка, — здесь хорошо». — «Что же хорошо?» — спросил я его, желая испытать. Он остановил на мне какой-то неверный взгляд, лицо его приняло другое, болезненное выражение, он покачал головой и сказал: «Левка не знает, так хорошо!» Мне стало смерть стыдно. Левка сопровождал меня на всех прогулках, его безграничная преданность, его беспрерывное внимание сильно трогали меня. Привязанность его ко мне была понятна, один я обходился с ним ласково. В семье им гнушались, стыдились его; крестьянские мальчики дразнили его, даже взрослые мужики делали ему всякого рода обиды и оскорбления, приговаривая: «Юродивого обижать не надо, юродивый — божий человек». Он обыкновенно ходил задами села, когда же ему случалось идти улицей, одни собаки обходились с ним по-человечески; они, издали завидя его, виляли хвостом и бежали к нему навстречу, прыгали на шею, лизали в лицо и ласкались до того, что Левка, тронутый до слез, садился серед дороги и целые часы занимал из благодарности своих приятелей, занимал их до тех пор, пока какой-нибудь крестьянский мальчик пускал камень наудачу, в собак ли попадёт или в бедного мальчика; тогда он вставал и убегал в лес.

Перед сельским праздником мой отец, видя, что Левка весь в лохмотьях, велел моей матери скроить ему длинную рубашку и отдать ее сестрам сшить. Управитель, услыщавши об этом, дал толстого домашнего сукна для него на кафтан. При господском доме был приставлен старик лакей, он был приставлен не столько по способности смотреть за чем-нибудь, сколько за пьянство. Этот лакей был фершал и портной; он весьма затруднился, когда получил от управляющего приказ сшить Левке кафтан, — как скроить дурацкий кафтан? Сколько он ни думал, все выходил довольно обыкновенный кафтан, а потому он и решился на отчаянное средство — пришить к нему красный поротник из остатков какой-то старинной ливреи. Левка был ужасно рад и новой рубашке, и кафтану, и красному воротнику, хотя, по правде сказать, радоваться было нечему. Доселе крестьянские мальчики несколько удерживались, но когда на Левку одели парадный мундир дурака — гонения и насмешки удвоились. Одни женщины были на стороне Левки, подавали ему лепешки, квасу и браги и говорили иногда приветливое слово; мудрено ли, впрочем, что бабы и девки, задавленные патриархальным гнетом мужниной и отцовской власти, сочувствовали безвинно гонимому мальчику. Мне было чрезвычайно жаль Левку, но помочь ему было трудно; унижая его, казалось, добрые люди росли в своих собственных глазах. Серьезно с ним никто слова не молвил; даже мой отец, от природы вовсе не злой человек, хотя исполненный предрассудков и лишенный всякого снисхождения, и тот иначе не мог обращаться с Левкой, как унижая его и возвышая себя.

— А что, Левка, — говорил он ему, — любишь ли ты кого-нибудь больше этого пса смердящего?

— Люблю, — отвечал Левка, — Сеньку люблю больше.

— Видишь, губа-то не дура, ну, а еще кого больше любишь?

— Никого, — простодушно отвечал Левка.

— Ах, глупорожденный, глупорожденлый, ха-ха-ха, а мать родную меньше любишь разве?

— Меньше, — отвечал Левка.

— А отца твоего?

— Совсем не люблю.

— О господи боже мой, чти отца твоего и матерь, твою, а ты, дурак, что? Бессмысленные животные и те любят родителей, как же разумному подобию божию не любить их?

— Какие животные?

— Ну какие — лошади, псы, всякие.

Левка качал головой: «Разве щенята, а большие нет. Они так любят, кто по нраву придется, вот наша кошка Машка любит моего Шарика».

И батюшка мой хохотал от души, прибавляя: «Блаженны нищие духом!»

Я тогда уже оканчивал риторику, и потому нетрудно понять, отчего мне в голову пришло написать «Слово о богопротивном людей обращении с глупорожденными». Желая расположить мое сочинение по всем квинтиллиановским правилам, с соблюдением законов хрии, я, обдумывая его, пошел по дороге, шел, шел, не замечая того, очутился в лесу; так как я взошел в него без внимания, то и не удивительно, что потерял дорогу, искал, искал и еще более терялся в лесу; вдруг слышу знакомый лай Левкиной собаки; я пошел в ту сторону, откуда он раздавался, и вскоре был встречен Шариком; шагах в пятнадцати от него, под большим деревом, спал Левка. Я тихо подошел к нему и остановился. Как кротко, как спокойно спал он! Он был дурен собой на первый взгляд, белые льняные волосы прямо падали с головы странной формы, бледный лицом, с белыми ресницами и несколько косившимися глазами. Но никто никогда не дал себе труда вглядеться в его лицо; оно вовсе не было лишено своей красоты, особенно теперь, когда он спал; щеки его немного раскраснелись, косые глаза не были видны, черты его выражали такой мир душевный, такое спокойствие, что становилось завидно.

Тут, стоя перед этим спящим дурачком, я был поражен мыслью, которая преследовала меня всю жизнь. С чего люди, окружающие его, воображают, что они лучше его, отчего считают себя вправе презирать, гнать это существо, тихое, доброе, никому никогда не сделавшее вреда? И какой-то таинственный голос шептал мне: «Оттого, что и все остальные — юродивые, только на свой лад, и сердятся, что Левка глуп по-своему, а не по их».

Странная мысль эта выгнала у меня из головы все хрии и метафоры, я оставил спящего Левку и пошел бродить наудачу по лесу, с какой-то внутренней болью перевертывая и вглядываясь в новую мысль. «В самом деле, думалось мне, — чем Левка хуже других? Тем, что он не приносит никакой пользы, ну, а пятьдесят поколений, которые жили только для того на этом клочке земли, чтобы их дети не умерли с голоду сегодня и чтобы никто не знал, зачем они жили и для чего они жили, — где же польза их существования? Наслаждение жизнию? Да они ей никогда не наслаждались, по крайней мере гораздо меньше Левки. Дети? Дети могут быть и у Левки, это дело нехитрое. Зачем Левка не работает? Что за беда; он ни у кого ничего не просит, кой-как сыт. Работа — не наслаждение, кто может обойтись без работы, тот не работает, все остальные на селе работают без всякой пользы, работают целый день, чтобы съесть кусок черствого хлеба, а хлеб едят для того, чтобы завтра работать, в твердой уверенности, что все выработанное не их. Здешний помещик, Федор Григорьевич, один ничего не делает, а пользы получает больше всех, да и то он ее не делает, она как-то сама делается ему. Жизнь его, сколько я знаю, проходит в большей пустоте, нежели жизнь Левки, который, чего нет другого, гуляет, а тот все сердится. Чем Левка сыт, я не понимаю, но знаю одно, что как он ни туп, но если наберет земляники или грибов, то его не так-то легко убедить, что он может есть одни неспелые ягоды да сыроежки, а что вкусные ягоды и белые грибы принадлежат, ну, хоть отцу Василию. Левка никогда дома не живет, не исполняет ни гражданских, ни семейных обязанностей сына, брата. Ну, а те, которые дома живут, разве исполняют? У него есть еще семь братьев и сестер, живущих дома в каком-то состоянии постоянной войны между собой и с пономарем. Все так, но пустая жизнь его. Да отчего же она пустая? Он вжился в природу, он понимает ее красоты по-своему — а для других жизнь — пошлый обряд, тупое одно и то же, ни к чему не ведущее».

И я постоянно возвращался к основной мысли, что причина всех гонений на Левку состоит в том, что Левка глуп на свой особенный салтык, — а другие повально глупы; и так, как картежники не любят неиграющего, а пьяницы непьющего, так и они ненавидят бедного Левку. Однако диссертации я не написал; для меня, ученика семинарии, казалось трудным и даже неприличным писать о таких суетных предметах. Нас учили всё писать о предметах возвышенных, душу и сердце возносящих горе́. Вакационное время прошло, пора мне было возвращаться в монастырь. Когда батюшка мой заложил пегую лошадку нашу в телегу, чтобы отвезти меня, Левка пришел опять к плетню, он не совался вперед, а, прислонившись к верее, обтирал по временам грязным спущенным рукавом рубашки слезы. Мне было очень грустно его оставить; я подарил ему всяких безделушек, он на все смотрел печально. Когда же я стал садиться в телегу, Левка подошел ко мне и так печально, так грустно сказал: «Сенька, прощай», — а потом подал мне Шарика и сказал: «Возьми, Сенька, Шарика себе». Дороже предмета у Левки не было, и он отдавал его. Я насилу уговорил его оставить Шарика у себя, что, пусть он будет мой — но жить у него. Мы поехали. Левка пустился лесом и выбежал на гору, мимо которой шла дорога; я увидел его и стал махать платком. Он стоял неподвижно на горе, опираясь на свою палку.

Мысль о Левке, о причине его странного развития не выходила из головы моей. Она мешала мне вполне предаваться изучению духовных предметов, и я вместо превыспренних созерцаний стремился к изучению предметов земных, несмотря на то что я знал ничтожность всего телесного и суетность всего физического. Мало-помалу во мне развилось непреодолимое желание изучать медицину. Когда я впервые заикнулся об этом отцу моему, он взошел в неописанный гнев. «Ах ты, баловень презорный, — кричал он на меня, — вот как схвачу за вихры, так ты у меня и — узнаешь, где раки зимуют. Деды твои и отцы не хуже тебя были, да не выходили из своего звания, а ты что вздумал? Пришлось под старость дожить до такого сраму, — вот, и радость, приносимая сыном, от плоти моей рожденным. Не один, видно, пономарь посещен богом, недаром с дураком валандаешься вечно, свой своему поневоле брат. А все ты, малоумная баба, испортила его», — прибавил батюшка, обращаясь к матушке. Почему именно матушка была виновата, что я хотел учиться медицине, этого я не знаю. «Господи, — думал я, — да что же я сделал такое, мне хочется заниматься медициной, а послушаешь батюшку, право, подумаешь, что я просился на большую дорогу людей резать». Дал я место, родительскому гневу, промолчал; через месяц опять завел было речь; куда ты — с первого слова так его лицо и зардело. Делать нечего, жду особого случая, а сам только и занимаюсь латынью. Отец ректор славно знал латинский; язык и полюбил меня за мои успехи. Я выбрал минуту добрую да в ноги ему; он так кротко и благосклонно сказал: «Встань, сын мой, встань, что тебе надобно, говори просто». Я рассказал ему о моем желании и просил замолвить отцу. Отец ректор покачал головой и велел мне утром и вечером сверх обыкновенной: читать, другую молитву, говорил, что это влияние нечистой силы, отвлекающей от служения престолу к служению мирскому, от лечения духовного — к лечению плотскому. Потом напомнил четвертую, заповедь, дал прочесть сочинение Нила Сорского о монашеском житии. Я все исполнил в точности, но не мог переломить влечения и медицине.

На вакации поехал я опять домой. Левка еще более одичал, он добровольно помогал пастуху пасти стадо и почти никогда не ходил домой. Меня, однако, он принял с прежней безграничной, нечеловеческой привязанностью; грустно мне было на него смотреть, особенно потому, что у него язык как-то сделался невнятнее, сбивчивее и взгляд еще более одичал. Через год мне приходилось окончить курс, временить было нечего, батюшка уже готовил мне место. Что было делать, утопающий за соломинку хватается; слыхал я от дворовых людей, что сын нашего помещика (они жили это лето в деревне) — добрый барин, ласковый, я и подумал, если бы он через Федора Григорьевича попросил обо мне моего отца, может, тот, видя такое высокое ходатайство, и согласился бы. Почему не сделать опыта? Надел я свой нанковый сюртук, тщательно вычистил сапоги, повязал голубой шейный платок и пошел в господский дом. На дороге попался Левка.

— Сенька, — кричал он мне, — в лес, Левка гнездо нашел, птички маленькие, едва пушок, матери нет, греть надо, кормить надо.

— Нельзя, брат, иду за делом, вон туда.

— Куда?

— В барский дом.

— У-у! — сказал Левка, поморщившись, — у-у! Весной, весной дядя Захар — его били, Левка смотрел, дядя Захар здоровый, сильный, а дурак стоит, его бьют — а он ничего — дядя Захар дурак, сильный, большой и стоит. Не ходи, прибьют.

— Не бось, дело есть.

Он долго смотрел мне вслед, потом свистнул своей собаке и побежал к лесу, но, едва я успел сделать двадцать шагов, Левка нагнал меня. «Левка идет туда — Сеньку бить будут — Левка камнем пустит», — при этом он мне показал булыжник величиною с индеичье яйцо. Но меры его были не нужны, люди отказали, говоря, что господа чай кушают; потом я раза три приходил, все недосуг молодому барину; после третьего раза я не пошел больше. И чем же это молодой барин так занят? Вечно ходит или с ружьем, или так просто, без всякого дела, по полям, особенно где крестьянские девки работают. Неужели он не мог оторваться на пять минут?

Сам бог показал выход, хотя, по правде, очень горестный. В селе Поречье, верст восемь от нас, был храмовый праздник; село Поречье казенное, торговое, богаче нашего, праздник у них справлялся всегда отлично. Тамошний священник (он же и благочинный) пригласил нас всех на праздник. Мы отправились накануне: отец Василий с попадьей, батюшка один, причетник и я, для того чтобы отслужить всенощную соборне. Праздник был великолепный, фабричные пели на крылосе. Во время литургии приехал сам капитан-исправник с супругой и двумя заседателями. Голова за месяц собирал по двадцати пяти копеек серебром с тягла начальству на закуску. Словом сказать, было весело, шумно; один я грустил; грустил я и потому, что намерения мои не удавались, и по непривычке к многолюдию; вина я тогда еще в рот не брал, в хороводах ходить не умел, а пуще всего мне досадно было, что все перемигивались, глядя на меня и на дочь пореченского священника. Я приглянулся ее отцу, и он предлагал, как меня похиротонисают, женить на дочери, а он-де место уступит и обзаведение, самому, мол, на отдых пора. А дочь-то его, несмотря на то что ей было не более восемнадцати или девятнадцати лет, была сильно поражена избытком плоти, так что скорее напоминала образ и подобие оладий, нежели господа бога.

Таким образом поскучав в Поречье до вечера, я вышел на берег реки; откуда ни возьмись — Левка тут, и он, бедняга, приходил на праздник, сам не зная зачем. Его никто не звал и не потчевал. Стоит лодочка, причаленная к берегу, и покачивается; давно я не катался, — смерть захотелось мне ехать домой по воде. На берегу несколько мужичков лежали в синих кафтанах, в новых поярковых шляпах с лентами; выпивши, они лихо пели песни во все молодецкое горло (по счастию, в селе Поречье не было слабонервной барыни). «Позвольте, мол, православные, лодочку взять прокатиться до Раздершнина», сказал я им. «С нашим удовольствием, мы-де вашего батюшку знаем. Митюх, Митюх, отвяжь-ка лодочку-то, извольте взять», — и Митюх, несколько покачиваясь и без нужды ступая в воду по колена, отвязал лодку, я принялся править, а Левка грести; поплыли мы по Оке-реке. Между тем смерклось, месяц взошел, с одной стороны было так светло, а о другой черные тени берегов, насупившись, бежали на лодку. Поднимавшаяся роса, словно дым огромного пожара, белела на лунном свете и двигалась по воде, будто нехотя отдираясь от нее.

Левка был доволен, мочил беспрестанно свою голову водой и встряхивал мокрые волосы, падавшие в глаза. «Сенька, хорошо?» — спрашивал он, и когда я отвечал ему; «Очень, очень хорошо», — он был в неописанном восторге. Левка умел мастерски гресть, он отдавался в каком-то опьянении ритму рассекаемых воли и вдруг поднимал оба весла, лодка тихо, тихо скользила по волнам, и тишина, заступавшая мерные удары, клонила к какому-то полусну, а издали слышались песни празднующих поречан, носимые ветром, то тише, то громче.

Мы приехали поздно ночью, Левка отправился с лодкой назад, а я домой. Только что я лег спать, слышу — подъезжает телега к нашему дому. Матушка она не ездила на праздник, ей что-то нездоровилось, — матушка послушала да говорит:

— Это не нашей телеги скрып — стучат, треба, мол, верно, какая-нибудь.

— Не вставайте, матушка, я схожу посмотреть, — да и вышел,

отворяю калитку, пореченский голова стоит, немножко хмельный.

— Что, Макар Лукич?

— Да, что, — говорит, — дело-то неладно, вот что.

— Какое дело? — спросил я, сам дрожу всем телом, как в лихорадке.

— Вестимо, насчет отца диакона.

Я бросился к телеге: на ней лежал батюшка без движения.

— Что с ним такое?

— А бог его ведает, все был здоров, да вдруг что ни есть прилучилось.

Мы внесли батюшку в дом, лицо у него посинело, я тер его руки, вспрыскивал водой, мне казалось, что он хрипит, я уложил его на постель и побежал за пьяным портным; на этот раз он еще был довольно трезв, схватил ланцет, бинт и побежал со мною. Раза три просек руку, кровь не идет… я стоял ни живой ни мертвый; портной вынул табакерку, понюхал, потом начал грязным платком обтирать инструмент.

— Что? — спросил я каким-то не своим голосом.

— Не нашего ума дело-с, экскузе, — отвечал он, — а извольте молитву читать.

Матушка упала без чувств, у меня сделался озноб, а ноги так и подламывались.

II

После смерти отца матушка не препятствовала, и я выхлопотал себе наконец увольнение из семинарии и вступил в Московскую медико-хирургическую академию студентом. Читая печатную программу лекций, я увидел, что адъюнкт ветеринарного искусства, если останется время, будет читать студентам, оканчивающим курс, общую психиатрию, то есть науку о душевных болезнях. Я с нетерпением ждал конца года, и хотя мне еще не приходилось слушать психиатрии, явился на первую лекцию адъюнкта. Но я тогда так мало был образован по медицинской части, что почти ничего не понял, хотя слушал с таким вниманием, что до сих пор помню красноречивое вступление ветеринарного врача. «Психиатрия, — говорил он, — бесспорно, самая трудная часть врачебной науки, самая необъясненная, самая необъяснимая, но зато нравственное влияние ее самое благотворное. Ни метафизика, ни философия не могут так ясно доказать независимость души от тела, как психиатрия. Она учит, что все душевные болезни — расстройства телесные, она учит, следственно, что без тела, без сей скудельной оболочки, дух был бы вечно здрав» и проч. Я уже в семинарии знал Вольфиеву философию, но совершенно ясно изложения адъюнкта не понимал, хотя и радовался, что самая медицина служит доказательством высоких метафизических соображений.

Когда я порядком изучил приуготовительные части, я стал мало-помалу делать собственные наблюдения над одержимыми душевными болезнями, тщательно записывая все виденное в особую книгу. Воскресные и праздничные дни проводил я почти всегда в доме умалишенных. Все наблюдения мои вели постоянно к мысли, поразившей меня при созерцании спавшею Левки, то есть что официальные, патентованные сумасшедшие, в сущности, и не глупее и не поврежденнее всех остальных, но только самобытнее, сосредоточеннее, независимее, оригинальнее, даже, можно сказать, гениальнее тех. Странные поступки безумных, раздражительную их злобу объяснял я себе тем, что все окружающее нарочно сердит их и ожесточает беспрерывным противуречием, жестким отрицанием их любимой идеи. Замечательно, что люди делают все это только в домах умалишенных; вне их существует между больными какое-то тайное соглашение, какая-то патологическая деликатность, по которой безумные взаимно признают пункты помешательства друг в друге. Все несчастие явно безумных — их гордая самобытность и упрямая неуступчивость, за которую повально поврежденные, со всею злобою слабых характеров, запирают их в клетки, поливают холодной водой и проч.

Главный доктор в заведении был добрейший человек в мире, но, без сомнения, более поврежденный, нежели половина больных его (он надевал, например, на себя один шейный и два петличных ордена для того, чтобы пройти по палатам безумных; он давал чувствовать фельдшерам, что ему приятно, когда они говорят «ваше превосходительство», а чином был статский советник, и разные другие шалости ясно доказывали поражение больших полушарий мозга); больные ненавидели его оттого, что он сам, стоя на одной почве с ними, вступал всегда в соревнование. «Я китайский император», — кричал ему один больной, привязанный к толстой веревке, которой по необходимости ограничили высочайшую власть его. «Ну когда же китайский император сидит на веревке?» — отвечал добрейший немец с пресерьезным видом, как будто он сам сомневался, не действительно ли китайский император перед ним. Больной выходил из себя, слыша возражение, скрежетал зубами, кричал, что это Вольтер и иезуиты посадили его на цепь, и долго не мог потом успокоиться. Я, совсем напротив, подходил к нему с видом величайшего подобострастия. «Лазурь неба, прозрачнейший брат солнца, — говорил я ему, — плодородие земли, позволь мне, презренному червю, грязи, отставшей от бесправненных подошв твоих, покапать холодной воды на светлое чело твое, да возрадуется океан, что вода имеет счастие освежать священную шкуру, покрывающую белую кость твоего черепа».

И больной улыбался и позволял с собою делать все, что я хотел.

Обращаю особенное внимание на то, что я для этого больного не делал ничего особенного, а поступал с ним так, как добрые люди поступают друг с другом всегда — на улице, в гостиной,

В заведение ездил один тупорожденный старичок, воображавший, что он гораздо лучше докторов и смотрителей знает, как надобно за больным ходить, и всякий раз приказывал такой вздор, что за него делалось стыдно; однако главный доктор с непокрытой головой слушал его до конца благоговейно и не говорил ему, что все это вздор, не дразнил его, а китайского императора дразнил. Где же тут справедливость!

Продолжая мои наблюдения, я открыл, что между собой нередко сумасшедшие признают друг друга; эти уже ближе к обыкновенному гражданскому благоустройству. Так, в V палате жили восемь человек легко помешанных в большой дружбе. Один из них сошел с ума на том; что он сверх своей порции имеет призвание есть по полупорции у всех товарищей, основывая пресмешно свои права на том, что его отец умер от объедения, а дед опился. Он так уверил своих товарищей, что ни один из них не смел есть своей порции, не отдав ему лучшей части, не смел ее взять украдкой, боясь угрызений совести. Когда же изредка кто-либо из дерзких скептиков утаивал кусок, он гордо уличал преступного, и шесть остальных готовы были оттаскать злодея; он называл его вором, стяжателем; и глава этой общины до того добродушно верил в свое право, что, не имея возможности съедать все набранное, с величавой важностью награждал избранных их же едою, и награжденный точил слезы умиления, а остальные — слезы зависти.

Нельзя отказать этим безумным в высоком политическом

смысле, так точно, как нельзя отказать в безумии людям, не только считающим себя здоровыми (самые бешеные собою совершенно довольны), но признаваемым за таких другими. Для убедительного доказательства присовокуплю отрывок из моего журнала, предпослав оному следующую краткую диагностику безумия.

Главные признаки расстройства умственных способностей состоят:

а) в неправильном, но и непроизвольном сознании окружающих предметов;

б) в болезненной упорности, стремящейся сохранить это сознание с явным даже вредом самому больному, и отсюда —

с) тупое и постоянное стремление к целям несущественным и упущение целей действительных.

Этого достаточно для того, чтобы убедиться в истине моих выводов.

ВЫПИСКА ИЗ ЖУРНАЛА

Субъект 29. Мещанка Матрена Бучкина. Сложение сангвиническое, наклонность к толщине, лет тридцати, замужем.

Субъект этот находится у меня в услужении в должности кухарки, а потому я изучал его довольно внимательно в главных психических и многих физиологических отправлениях. Alienatio mentale, не подлежащее никакому сомнению; все умственные отправления поражены, несмотря на хорошие врожденные способности, что доказывается сохранившеюся ловкостию обсчитывать при покупках и утаивать половину провизии, Как женщина Матрена живет более сердцем, нежели умом; но все ее чувства так ниспровергнуты болезненным отклонением деятельности мозга от нормального отправления, что они не только не человеческие, но и не животные.

а) Чувство любви.

Не видать, чтобы у нее была особенная нежность к мужу, но отношения их в высшей степени замечательны и драгоценны как патологический факт. Муж ее — сапожник и живет в другом доме, он приходит к ней обыкновенно утром в воскресенье. Матрена покупает на последние деньги простого вина и печет пирог или блины. Часу в десятом муж ее напивается пьян и тотчас начинает ее продолжительно и больно бить; потом он впадает в летаргический сон до понедельника, а проснувшись, отправляется с страшной головной болью за свою работу, питаясь приятной надеждой через семь дней снова отпраздновать так семейно и кротко воскресный день.

Так как она приходила всякий раз с горькими жалобами ко мне на своего мужа, я советовал ей не покупать ему вина, основываясь на том, что оно имеет на него дурное влияние. Но больная весьма оскорблялась моим советом и возражала, что она не бесчестная какая-нибудь и не нищая, чтобы своему законному мужу не поднести стакана вина — свят день до обеда, что, сверх того, она покупает вино на свои деньги, а не на мои, и что если муж ее и колотит, так все же он богом данный ей муж. Ответ этот, много раз повторяемый, очень замечателен. Можно добраться по нем до странных законов мышления мозга, пораженного болезнию; ни одного слова нет в ее ответе, которое бы шло к моему замечанию, а при болезни мозга ей казалось, что она вполне опровергала меня.

Но до какой степени и это поверхностно, я доказываю тем, что стоило мне, продолжая мои наблюдения, сказать ей: «А ты зачем с ним споришь, ты бы смолчала, ведь он твой муж и глава?» — тогда больная приходила в состояние, близкое мании, и с сердцем говорила: «Он злодей мне, а не муж, я ему не дура досталась молчать, когда он несет всякий вздор!» И тут она начинала бранить не только его, но и барыню свою, которая, истинно в материнских попечениях своих о подданных, сама приняла на себя труд избрать ей мужа; выбор пал на сапожника не случайно, а потому, что он крепко хмелем зашибал, так барыня думала, что он остепенится, женившись, — конечно, не ее вина, что она ошиблась, errare humanum est!

b) Отношение к детям.

Любопытно до высшей степени и имеет двойной интерес. Тут я имел случай видеть, как с самого дня рождения прививают безумие. Сначала чисто механически крепким пеленанием, причем сдавливают ossa parietalia черепа, чтобы помешать мозговому развитию, — это с своей стороны уже очень действительно. Потом употребляются органические средства; они состоят преимущественно в чрезмерном развитии прожорливости и в дурном обращении. Когда организм ребенка не изловчился еще претворять всю дрянь, которая ему давалась, от грязной соски до жирных лепешек, дитя иногда страдало; мать лечила сама и в медицинских убеждениях своих далеко расходилась со всеми врачами, от Иппократа до Боергава и от Боергава до Гуфланда; иногда она откачивала его так, как спасают утопленников (средство совершенно безвредное, если утопленник умер, и способное показать усердие присутствующих), ребенок впадал в морскую болезнь от качки, что его действительно облегчало, или мать начинала на известном основании Ганеманова учения клин клином вышибать, кормить его селедкой, капустой; если же ребенок на выздоравливал, мать начинала его бить, толкать, дергать, наконец прибегала к последнему средству — давала ему или настойки, или макового молока и радовалась очевидной пользе от лекарства, когда ребенок впадал в тяжелое опьянение или в летаргический сон. В дополнение следует заметить, что Матрена, на свой манер, чрезвычайно любила ребенка. Любовь ее к детям была совершенно вроде любви к мужу: она покупала на скудные деньги свои какой-нибудь тафтицы на одеяльце и потом бесщадно била ребенка за то, что он ненарочно капал на него молоко. Мне очень жаль, что я скоро расстался с Матреной и не мог доучить этот интересный субъект; к тому же я впоследствии услышал, что ее ребенок не выдержал воспитания и умер.

c) и d) Отношения гражданские и общественные; отношения к церкви и государству...

Но я полагаю, сказанного совершенно достаточно, чтобы убедиться, что жизнь этого субъекта проходила в чаду безумия. А посему снова обращаюсь к прерванной нити моего жизнеописания, которое с тем вместе и есть описание развития моей теории.

По окончании курса меня отправили лекарем в один пехотный полк. Я не нахожу нужным в предварительной части говорить о наблюдениях, сделанных мною на сем специальном поприще безумия, я им посвятил особый отдел в большом сочинении моем. Перехожу к более разнообразному поприщу. Через несколько лет по распоряжению высшего начальства, которому, пользуясь сим случаем, свидетельствую искреннейшую благодарность за начальственное внимание, получил я место по гражданскому ведомству; тут с большим досугом предался я сравнительной психиатрии. Для занятий и наблюдений я избрал на первый случай два заведения — дом умалишенных и канцелярию врачебной управы.

Добросовестно изучая субъекты в обоих заведениях, я был поражен сходством чиновников канцелярии с больными; разумеется, наружные различия тоже бросались в глааа, но врач должен идти далее, — по наружности долгое время кита считали рыбою. Самое важное различие между писарями и больными состояло в образе поступления в заведение: первые просились об определении, а вторые были определяемы высшим начальством вследствие публичного испытания в губернском правлении. Но однажды помещенные в канцелярию писаря тотчас подвергались психической эпидемии, весьма быстро, заражавшей все нормально человеческое и еще быстрее развивавшей искаженные потребности, желания, стремления; целые дни работали эти труженики с усердием, более нежели с усердием, с завистью; штаты тогда были еще невероятные, едва эти бедняки в будни досыта наедались и в праздники допьяна напивались, а ни один не хотел заняться каким-нибудь ремеслом, считая всякую честную работу не совместною с человеческим достоинством, дозволяющим только брать двугривенные за справки. Признаюсь, когда я вполне убедился, что чиновничество (я, разумеется, далее XIII класса восходить не смею) есть особое специфическое поражение мозга, мне опротивели все эти журнальные побасенки, наполненные насмешками над чиновниками. Смеяться над больными показывает жестокость сердца.

Влияние эпидемии до того сильно, что мне случалось наблюдать ее действие на организации более крепкие и здоровые, и тут-то я увидел всю силу ее. Какое-то беспокойное чувство, похожее на угрызение совести, овладевало вновь поступавшими здоровыми субъектами; им становилось заметно тягостно быть здоровыми, они так страдали тоскою по безумию, что излечались от умственных способностей разными спиртными напитками, и я заметил, что при надлежащем и постоянном употреблении их они действительно успевали себя поддерживать в искусственном состоянии безумия, которое мало-помалу становилось естественным.

От чиновников я перешел к прочим жителям города, и в скором времени не осталось ни малейшего сомнения, что все они поврежденные. Предоставляю тем, которые долго трудились над каким-нибудь открытием, оценить то чувство радости, которым исполнилось сердце мое, когда я убедился в этом драгоценном факте.

Городок наш вообще оригинален, это губернское правление, обросшее разными домами я жителями, собравшимися около присутственных мест; он тем отличается от других городов, что он возник, собственно, для удовольствия и пользы начальства. Начальство составило сущность, цвет, корень и плод города. Остальные жители — как купцы, мещане — больше находились для порядка, ибо нельзя же быть городу без купцов и мещан. Все получали смысл только в отношении к начальству (и к откупу, впрочем); мастеровые например, портные, сапожники — шили для чиновников фраки и сапоги, содержатель трахтира имел для них бильярд. Прочие не служащие в городе занимались исключительно произведением тех средств, на которые чиновника заказывали фраки, сапоги и увеселялись на бильярде.

В нашем городке считалось пять тысяч жителей; из них человек двести были повергнуты в томительнейшую скуку от отсутствия всякого занятия, а четыре тысячи семьсот человек повергнуты в томительную деятельность от отсутствия всякого отдыха. Те, которые денно и нощно работали, не выработывали ничего, а те, которые ничего не делали, беспрерывно выработывали, и очень много.

Утвердив на прочных началах общую статистику помешательства, перейдем снова к частным случаям. В качестве врача я был часто призываем лечить тело там, где следовало лечить душу; невероятно, в каком чаду нелепостей, в каком резком безумии находились все мои пациенты обоих полов.

«Пожалуйте сейчас к Анне Федоровне, Анне Федоровне очень дурно». — «Сию минуту, еду». Анна Федоровна — лет тридцати женщина, любившая и любящая многих мужчин, за исключением своего мужа, богатого помещика, точно так же расположенного ко всем женщинам, кроме Анны Федоровны. У них от розовых цепей брачных осталась одна, которая обыкновенно бывает крепче прочих, — ревность, и ею они неутомимо преследовали друг друга десятый год. Приезжаю; Анна Федоровна лежит в постеле с вспухшими глазами, у нее жар, у нее боль в груди; все показывает, что было семейное Бородино, дело горячее и продолжительное. Люди ходят испуганные, мебель в беспорядке, вдребезги разбитая трубка (явным образом не случайно) лежит в углу и переломленный чубук — в другом.

— У вас, Анна Федоровна, нервы расстроены, я вам пропишу немножко лавровишневой воды, на свет не ставьте — она портится, так принимайте… сколько бишь вам лет? — капель по двадцать. — Вольная становится веселее и кусает губы. — Да знаете ли что, Анна Федоровна, вам бы надо ехать куда-нибудь, ну хоть в деревню; жизнь, которую вы ведете, вас расстроит окончательно.

— Мы едем в мае месяце с Никонор Ивановичем в деревню.

— А! Превосходно — так вы останьтесь здесь. Это будет еще лучше.

— Что вы хотите этим сказать?

— Вам надобен покой безусловный, тишина; иначе я не отвечаю за то, что наконец из всего этого выйдут серьезные последствия.

— Я несчастнейшая женщина, Семен Иванович, у меня будет чахотка, я должна умереть. И все виноват этот изверг — ах, Семен Иванович, спасите меня.

— Извольте. Только мое лекарство будет не из аптеки, вот рецепт: «Возьми небольшой чистенький дом, в самом дальнем расстоянии от Никанор Ивановича, прибавь мебель, цветы и книги. Жить, как сказано, тихо, спокойно». Этот рецепт вам поможет.

— Легко вам говорить, вы не знаете, что такое брак.

— Не знаю — но догадываюсь; полюбовное насилие жить вместе — когда хочется жить врозь, и совершеннейшая роскошь — когда хочется и можно жить вместе; не так ли?

— О, вы такой вольнодум! Как я покину мужа!

— Анна Федоровна, вы меня простите, однако долгая практика в вашем доме позволяет мне идти до такой откровенности, я осмелюсь сделать вам вопрос…

— Что угодно, Семен Иванович, вы — друг дома, вы…

— Любите ли вы сколько-нибудь вашего мужа?

— Ах, нет, я готова это сказать перед всем светом, безумная тетушка моя сварганила этот несчастный брак.

— Ну, а он вас?

— Искры любви нет в нем. Теперь почти в открытой интриге с Полиной, вы знаете, — мне бог с ним совсем, да ведь денег что это ему стоит…

— Очень хорошо-с. Вы друг друга не любите, скучаете, вы оба богаты что вас держит вместе?

— Да помилуйте, Семен Иванович, за кого же вы меня считаете, моя репутация дороже жизни, что обо мне скажут?

— Это конечно. Но, боже мой, — половина первого! Что это, как время-то? Да-с, так по двадцати каплей лавровишневой воды, хоть три раза до ночи, а я заеду как-нибудь завтра взглянуть.

Я только в залу, а уж Никанор Иванович, небритый, с испорченным от спирту и гнева лицом, меня ждет.

— Семен Иванович, Семен Иванович, ко мне в кабинет.

— Чрезвычайно рад.

— Вы честный человек, я вас всю жизнь знал за честного человека, вы благородный человек — вы поймете, что такое честь. Вы меня по гроб обяжете, ежели скажете истину.

— Сделайте одолжение. Что вам угодно?

— Да как вы считаете положение жены?

— Оно не опасно; успокойтесь, это пройдет; я прописал капельки.

— Да черт с ней, не об этом дело, по мне хоть сегодня ногами вперед да и со двора. Это змея, а не женщина, лучшие лета жизни отняла у меня. Не об этом речь.

— Я вас не понимаю.

— Что это, ей-богу, с вами? Ну, то есть болезнь ее подозрительна или нет?

— Вы желаете знать насчет того, нет ли каких надежд на наследничка?

— Наследничка — я ей покажу наследничка! Что это за женщина! Знаете, для меня уж коли женщина в эту сторону, все кончено — нет, не могу! Законная жена, Семен Иванович, она мое имя носит, она мое имя пятнает.

— Я ничего не понимаю. А впрочем, знаете, Никанор Иванович, жили бы вы в разных домах, для обоих было бы спокойнее.

— Да-с — так ей и позволить, ха-ха-ха, выдумали ловко! Ха-ха-ха, как же — позволю! Нет, ведь я не француз какой-нибудь! Ведь я родился и вырос в благочестивой русской дворянской семье, нет-с, ведь я знаю вакон и приличие! О, если бы моя матушка была жива, да она из своих рук ее на стол бы положила. Я знаю ее проделки.

— Прощайте, почтеннейший Никанор Иванович, мне еще к вашей соседке надобно.

— Что у нее? — спросил врасплох взятый супруг и что-то сконфузился.

— Не знаю — присылала горничную, дочь что-то все нездорова, — девка не умела рассказать порядком.

— Ах, боже мой, — да как же это? Я на днях видел Полину Игнатьевну.

— Да-с, бывают быстрые болезни.

— Семен Иванович, я давно хотел — вы меня извините, ведь уж это так заведено: священник живет от алтаря, а чиновник от просителей, я так много доволен вами. Позвольте вам предложить эту золотую табакерку, примите ее в знак искренней дружбы, — только, Семен Иванович, я надеюсь, что, во всяком случае, — молчание ваше…

— Есть вещи, на которые доктор имеет уши — но рта не имеет.

Никанор Иванович обнял меня и своими мокрыми губами и потным лицом произвел довольно неприятное впечатление на щеке.

И кто-нибудь скажет, что это не поврежденные! Позвольте еще пример.

Рядом со мною живет богатый помещик, гордый своим имением, скряга. Он держит дом назаперти, никого не пускает к себе, редко сам выезжает, и что делает в городе, понять нельзя; не служит, процессов не имеет, деревня в пятидесяти верстах, а живет в городе. Были, правда, слухи, что один мужик, которого он наказал, как-то дурно посмотрел на него и сглазил; он так испугался его взгляда, что очень ласково отпустил мужика, а сам на другой день перебрался в город. Главное занятие его — стяжание и накапливание денег; но это делается за кулисами; я вам хочу показать его в торжественных минутах жизни. У него в гостинице и на почте закуплены слуги, чтобы извещать его, когда по городу проезжает какой-нибудь сановник, генерал внутренней стражи, генерал путей сообщения, ревизующий чиновник не ниже V класса.

Сосед мой, получивши весть, тотчас надевал дворянский мундир и отправлялся к его превосходительству; тот, разумеется, с дороги спал, соседа не пускали; он давал на водку целковый, синенькую, упорствовал, дожидался часы целые, — наконец об нем докладывали.

Генерал (ибо в эти минуты я чиновник V класса чувствовал себя не только генералом, но генерал-фельдмаршалом) принимал просителя, не скрывая ярости и не воздавая весу и меры словам и движениям. Проситель после долгих околичностей докладывал; что вся его просьба, от которой зависит его счастие, счастие его детей и жены, состоит в том, чтобы: его превосходительство изволило откушать, у него завтра или отужинать сегодня; он так трогательно просил, что ни один высокий сановник не мог противустоять и давал ему слово. Тут наставали поэтические минуты его жизни. Он бросался в рыбные, ряды, покупал стерлядь ростом с известного тамбурмажора, и ее живую перевозили в подвижном озере к нему на двор, выгружалось старинное серебро, вынималось старое вино. Он бегал из комнаты в комнату, бранился с женою, делал отеческие исправления дворецкому, грозился на всю жизнь сделать уродом и несчастным повара (для ободрения), звал человек двадцать гостей, бегал с курильницей по комнатам, встречал в сенях генерала, целовал его в шов, идущий под руку. Шампанское лилось у скряги за здравие высокого проезжего. И заметьте, все это из помешательства, все это бескорыстно. И что еще важнее для психиатрии, — что его безумие всякий раз полярно переносилось с обратными признаками на гостя. Гость верил, что он по гроб одолжает хозяина тем, что прекрасно обедал. Каковы диагностические знаки безумия!

Отовсюду текли доказательства очевидные, не подлежащие сомнению моей основной мысли.

Успокоившись насчет жителей нашего города, я пошел далее. Выписал себе знаменитейшие путешествия, древние и новые исторические творения и подписался на аутсбургскую «Всеобщую газету».

Слезы умиления не раз наполняли — глаза мои при чтении. Я не говорю уже об аугсбургской газете, на нее я с самого начала смотрел не как на суетный дневник всякой всячины, а как на всеобщий бюллетень разных богоугодных заведений для несчастных, страждущих душевными болезнями. Нет! Что бы историческое я ни начинал читать, везде, во все времена открывал я разные безумия, которые соединялись в одно всемирное хроническое сумасшествие. Тита Ливия я брал или Муратори, Тацита или Гиббона — никакой разницы: все они, равно как и наш отечественный историк Карамзин, — все доказывают одно: что история, не что иное, как связный рассказ родового хронического безумия и его медленного излечения (этот рассказ даст по наведению полное право надеяться, что через тысячу лет двумя-тремя безумиями будет меньше). Истинно, не считаю нужным приводить примеры; их миллионы. Разверните какую хотите историю, везде вас поразит, что вместо действительных интересов всем заправляют мнимые фантастические интересы; вглядитесь, из-за чего льется кровь, из-за чего несут крайность, что восхваляют, что порицают, — и вы ясно убедитесь в печальной на первый взгляд истине — и истине, полной утешения на второй взгляд, что все это следствие расстройства умственных способностей. Куда ни взглянешь в древнем мире, везде безумие почти также очевидно, как в новом. Тут Курций бросается в яму для спасения города, там отец приносит дочь на жертву, чтобы был попутный ветер, и нашел старого дурака, который прирезал бедную девушку, и этого бешеного не посадили на цепь, не свезли, в желтый дом, а признали за первосвященника. Здесь персидский царь гоняет море сквозь строй, так же мало понимая нелепость поступка, как его враги афиняне, которые цикутой хотели лечить от разума и сознания. А что это за белая горячка была, вследствие которой императоры гнали христианство! Разве трудно было рассудить, что эти средства палачества, тюрем, крови, истязаний ничего не могли сделать против сильных убеждений, а удовлетворяли только животной свирепости гонителей?

Как только христиан домучили, дотравили зверями, они сами принялись мучить и гнать друг друга с еще большим озлоблением, нежели их гнали. Сколько невинных немцев и французов погибло так, из вздору, и помешанные судьи их думали, что они исполняли свой долг, и спокойно спали в нескольких шагах от того места, где дожаривались еретики.

Кто не видит ясные признаки безумия в средних веках — тот вовсе незнаком с психиатрией. В средних веках все безумно. Если и выходит что-нибудь путное, то совершенно противуположно желанию. Ни одного здорового понятия не осталось в средневековых головах, все перепуталось. Проповедовали любовь — и жили в ненависти, проповедовали мир — и лили реками кровь. К тому же целые сословия подвергались эпидемической дури каждое на свой лад; например, одного человека в латах считали сильнее тысячи человек, вооруженных дубьем, а рыцари сошли с ума на том, что они дикие звери, и сами себя содержали по селлюлярному порядку новых тюрем в укрепленных сумасшедших домах по скалам, лесам и проч.

История доселе остается непонятною от ошибочной точки зрения. Историки, будучи большею частию не врачами, не знают, на что обращать внимание; они стремятся везде выставить после придуманную разумность и необходимость всех народов и событий; совсем напротив, надобно на историю взглянуть с точки зрения патологии, надобно взглянуть на исторические лица с точки зрения безумия, на события — с точки зрения нелепости и ненужности.

История — горячка, производимая благодетельной натурой, посредством которой человечество пытается отделываться от излишней животности; но как бы реакция ни была полезна, все же она — болезнь. Впрочем, в наш образованный век стыдно доказывать простую мысль, что история аутобиография сумасшедшего.

Интерес летописей и путешествий тот же самый, который мы

находим в анатомико-патологическом кабинете. Кстати — о путешествиях. Они не менее истории принесли мне подтверждений, и тем приятнейших, что все описываемые в них безумия делались не за тысячу лет, а совершаются теперь, сейчас, в ту минуту, как я пишу, и будут совершаться в ту минуту, как вы, любезный читатель, займетесь чтением моего отрывка. Доказательства и здесь совершеннейшая роскошь; разверните Магеллана, разверните Дюмон д'Юрвиля и читайте первое, что раскроется, — будет хорошо: вам или индеец попадется какой-нибудь, который во славу Вишны сидит двадцать лет с поднятой рукой и не утирает носу для приобретения бесконечной радости на том свете, или женщина, которая из учтивости и приличия бросается на костер, на котором жгут труп мужа. Восток — классическая страна безумия, но, впрочем, и в Европе очень удовлетворительные симптомы и в ирландском вопросе, и в вопросе о пауперизме, и во многих других. Да, сверх того, в Европе остались несколько видоизмененными и все азиатские глупости, собственно переменились только названия.

Здесь я останавливаюсь. Я хотел передать публике на первый случай небольшой отрывок. Кто желает более знать по сей части, тот пусть купит курс психиатрии, когда он выйдет (о цене и условиях подписки своевременно через ведомости объявлено будет).

Объяснительное прибавление от автора— Я не могу положить пера, не сказав еще несколько объяснительных и, так сказать, предупредительных замечаний. Знаю я, что неблагонамеренность обвинит меня в желании блеснуть новизною, в гордости и пренебрежении к больным — за то, что я их не считаю здоровыми. Совесть моя чиста. Не гордость и пренебрежение, а любовь привела меня к моей теории, и когда я совершенно убедился в истинности ее, весь нравственный быт мой переменился; мне стало легко, упования и надежды расцвели, как в молодости. Прежняя нетерпимость, готовность порицания и осуждения заменились теплым чувством сострадания к больным, и вместо желания отвратительной мести за действия, явным образом сделанные под влиянием болезни, явилось кроткое снисхождение и сильное желание помочь больному. (Я даже в доме умалищенных вывел наказания, не желая вступать в соревнование с безумными, ни побеждать их в нелепости.) Что же касается до предполагаемого иною обвинения в желании блеснуть новизною, то я обязан заметить, что в разных формах мысль медицинская, мною проведенная, являлась многим в голову. Аристотель называл Анаксагора единым трезвым в сонме пьяных. Спиноза видел одно бессилие разума в человеке безнравственном, Бентам прямо сказал, что «всякий преступник прежде всего дурной счетчик», человек с здравым смыслом не может дурно считать. Бентам прав; он, однако, не понял, что если преступник делает арифметические ошибки слишком грубые, то все остальные — тоже дурные счетчики, но ошибаются в мелочах или с общего согласия. Люди окружены целой атмосферой, призрачной и одуряющей, всякий человек более или менее, как Матренина дочь (зри выше), с малых лет, при содействии родителей и семьи, приобщается мало-помалу к эпидемическому сумасшествию окружающей среды (немецкие врачи называют эту болезнь der bistorische Standpunkt); вся жизнь наша, все действия так и рассчитаны по этой атмосфере в том роде, как нелепые формы ихтиосауров, мастодонтов были рассчитаны и сообразны первобытной атмосфере земного шара.

Местами воздух становится чище, болезни душевные укрощаются. Но нелегко переработывается в душе человеческой родовое безумие; большие усилия надобно употреблять для малейшего шага. Вспомните романтизм — эту духовную золотуху, одну из злотворнейших психических эпидемий, поддерживающую организм в беспрерывном и неестественном раздражении, поселяющую отвращение к всему действительному, практическому и истощающую страстями вымышленными.

Вспомните аристократизм, эту застарелую подагру нравственного мира, иудейскую проказу исключительной национальности и проч.

Предвижу еще один вопрос: что же ты, занимавшийся столько лет исторической психиатрией, — открыл ли какие-нибудь средства лечения? Что же плод твоих трудов?

Во-первых, истина, во-вторых, точка зрения, в-третьих, я далеко не все сказал, а намекнул, означил, слегка указал только.

Средств я нашел мало, но средства есть. При дальнейшем развитии органической химии, при благодетельной помощи натуры можно будет выделывать и поправлять вещество мозга.

Мы имеем уже драгоценные наблюдения касательно возможности химически улучшать и видоизменять духовную сторону, хотя она совершенно независима. Так, например, прилично употребленное лечение шампанским располагает человека к дружбе, к доблести, к чувствам радостным и объятиям разверстым. Действуя же бургонским точно таким же образом, то есть отправляя его через желудок в вены и оттуда в голову, выходит результат совсем иной: человек делается мрачен, несообщителен, более склонен к ревности, нежели к любви, к раскаянию, нежели к наслаждению, к плачу о грехах мира сего, нежели к снисхождению, — для меня тут ключ к психотерапии, и вот я десятый год, не щадя ни издержек, ни здоровья, занимаюсь постоянно изучением действия на умственные способности вышеозначенных медикаментов и разных других. Чего не сделает человек из пламенной любви к науке!

Москва, 10 февраля 1846

СОРОКА—ВОРОВКА

(ПОСВЯЩЕНО МИХАИЛУ СЕМЕНОВИЧУ ЩЕПКИНУ)

Твой дом, украшенный богато, Гостям—сограяеданам открыт; Там Терпсихора и Эрато С водругой Талией гостит; Хозяин, ласковый душою, Склоняет к ним приветный взор.

"Украинский вестник на 1816 год"

— Заметили ли вы, — сказал молодой человек, остриженный под гребенку, продолжая начатый разговор о театре, — заметили ли вы, что у нас хотя и редки хорошие актеры, ко бывают, а хороших актрис почти вовсе нет и только в предании сохранилось имя Семеновой; не без причины же это.

— Причину искать недалеко; вы ее не понимаете только потому, — возразил другой, остриженный в кружок, — что вы на все смотрите сквозь западные очки. Славянская женщина никогда не привыкнет выходить на помост сцены и отдаваться глазам толпы, возбуждать в ней те чувства, которые она приносит в исключительный дар своему главе; ее место дома, а не на позорище. Незамужняя — она дочь, дочь покорная, безгласная; замужем — она покорная жена. Это естественное положение женщины в семье если лишает нас хороших актрис, зато прекрасно хранит чистоту нравов.

— Отчего же у немцев, — заметил третий, вовсе не стриженный, — семейная жизнь сохранилась, я полагаю, не хуже, нежели у нас, и это нисколько не мешает появлению хороших актрис? Да потом я и в главном не согласен с вами: не знаю, что делается около очага у западных славян, а мы, русские, право, перестаем быть такими патриархами, какими вы нас представляете.

— А позвольте спросить, где вы наблюдали и изучали славянскую семью? У высших сословий, живущих особою жизнию, в городах, которые оставили сельский быт, один народный у нас., по большим дорогам, где мужик сделался торгашом, где ваша индустрия развратила его довольством, развила в нем искусственные потребности? Семья не тут сохранилась; хотите ее видеть, ступайте в скромные деревеньки, лежащие по проселочным дорогам.

— Однако, странное дело, большие дороги, города, все то, что хранит и развивает других, вредно для славян, так, как вам угодно их представлять; по—вашему, чтоб сохранить чистоту нравов, надобно, чтоб не было проезда, сообщения, торговли, наконец, довольства, первого условия развивающийся жизни. Конечно, и Робинзон, когда жил один на острове, был примерным человеком, никогда в карты не играл, не шлялся по трактирам.

— Все можно представить в нелепом виде; шутка иногда рассмешит, но опровергнуть ею ничего нельзя. Есть вещи, которых при всей ловкости западного ума вы не поймете, ну, так не поймете, как человек, лишенный уха, не понимает музыки, что ему вовсе не мешает быть живописцем или чем угодно. Вы не поймете никогда, что бедность, смиренная и трудолюбивая, выше самодовольного богатства. Вы не поймете нашего семейного, отеческого распорядка ни в избе, где отец— глава, ни в целом селе, где глава общины — отец, Вы привыкли к строгим очертаниям прав, к рамам для лиц, сословий, к взаимному обузданью и недоверью,— все это необходимо на Западе: там все основано на вражде, там вея задача государственная, как сказал ваш же поэт, в ловкой борьбе:

Здесь натиск пламенный, а там отпор суровый, Пружины смелые гражданственности новой.

— Этой дорогой я не думаю, чтоб мы скоро добрались до решения вопроса, отчего у нас редки актрисы, — сказал начавший разговор. — Если для полноты ответа вы хотите chemin faisant[23] разрешить все исторические и политические вопросы, то надобно будет посвятить на это лет сорок жизни, да и то еще успех сомнителен. Вы, любезный славянин, сколько я понимаю, хотите сказать, что у еас оттого нет актрис, что женщина существует ее как лицо, а как член семейства, которым она поглощается: гут много истинного. Однако вы полагаете, что семейство — в маленьких деревеньках; ну, в ведь актрисы берутся не из этих же деревенек, к которым нет проезда.

— Здесь позвольте мне отвечать вам, — заметил европеец (так мы будем называть нестриженого), — у нас вообще и по шоссе, и по проселочным дорогам женщина не получила того развязного нрава участия во всем, как, например, во Франции; встречаются исключения, но всегда неразрывные с каким—то фанфаронством, — лучшее доказательство, что это исключение. Женщина, которая бы вздумала у нас вести себя наравне с образованным мужчиной, не свободно бы пользовалась своими правами, а хотела бы выказать свое освобождение.

— Конечно, такая женщина была бы урод; и по счастию, — возразил славянин, — не у нас надобно искать la femme emancipee[24], да и вообще надобно ли ее где—нибудь искать — я не знаю. Вот что касается до человеческих прав, то обратите несколько внимания на то, что у нас женщина пользовалась ими с самой глубокой древности больше, нежели в Европе, ее именье не сливалось с именьем мужа, она имеет голос на выборах, право владения крестьянами.

— Конечно, из прав, которыми пользуются у нас дамы, ее все принадлежат европейской женщине. Но, извините, здесь речь вовсе не о писанных, правах, а именно о правах неписанных, об общественном мнении. Что сказали бы мы сами, если бы в нашу беседу, очень тихую и пе имеющую в себе ничего

---

[23] попутно (фр.)

[24] эмансипированную женщину (фр.)

оскорбительного, вдруг явилась одна из знакомых дам? Я уверен, что и нам и ей было бы не по себе; мы совсем иначе настраиваем себя, если предвидим дамское общество: в этом недостаток уважения к женщине.

— Как вы начитались Жоржа Санда. Мужчина вовсе не должен быть с женщинами нараспашку; и зачем женщина пойдет делить его беседу? Мне ужасно нравятся мужские собрания, в которые не мешаются дамы, — в этом есть что—то строгое, неизнеженное.

— И чрезвычайно гуманное относительно женщин, которые покинуты дома. Вы, я думаю, пошли бы в запорожские казаки, если б попрежде родились,

— Ваша мысль до того иностранная, что вы и слова русского не прибрали, чтоб ее выразить. Как будто мало женщине дела в скромном кругу домашней жизни; я не говорю уж о матери, которой обязанности и тан святы и так сложны.

— Ох, этот скромный круг! Император Август, который разделял ваши славянские теории, держал дочь дома и с улыбкой говорил спрашивавшим о ней: "Дома сидит, шерсть прядет". Ну, а знаете, нельзя сказать, чтоб нравы ее сохранились совершенно чистыми. По—моему, если женщина отлучена от половины наших интересов, занятий, удовольствий, так она вполовину менее развита и, браните меня хоть по—чешски, вполовину менее нравственна: твердая нравственность и сознание неразрывны.

— Теперь мой черед вам возражать, — сказал начавший разговор. — Каждый видел своими собственными глазами, что у нас в образованных сословиях женщины несравненно выше своих мужей; вот и ловите жизнь после этого общими формулами. Дело очень понятное. Мужчина у нас не просто мужчина, а военный или статский; он.с двадцати лет не принадлежит себе, он занят делом: военный — ученьями, статский — протоколами, выписками, а жены в это время, если не ударятся исключительно в соленье и варенье, читают французские романы.

— Поздравляю их. Должно быть хорошо образование, — вставил славянин, — которое можно почерпнуть из Бальзака, Сю, Дюма, из этой болтовни старика, начинающего морализировать от истощенья сил.

— Я с вами, пожалуй, соглашусь, хоть я и не говорил, что дамы читают именно те романы, о которых вы говорите; и тут, удивительное дело, самые пустые французские ромапы больше развивают женщину, нежели очень важные занятия развивают их мужей, и это отчасти оттого, что судьба так устроила француза: что б он ни делал, он все учит. Он напишет дрянной роман с неестественными страстями, с добродетельными пороками и с злодейскими добродетелями да по дороге или, вернее, потому, что это совсем не по дороге, коснется таких вопросов, от которых у вас дух займется, от которых вам сделается страшно, а чтоб прогнать страх, вы начнете думать. Положим, что вопросов—то и не разрешите вы, да самая возбужденность мысли есть своего рода образование. Вот, видя это отношение женского образования у нас к мужскому, я и удивляюсь, что нет актрис.

— Да что же вам еще надо, — возразил с запальчивостью славянин, — у нас нет актрис потому, что занятие это несовместно с целомудренною скромностию славянской жены: она любит молчать.

— Давно бы вы сказали, — прибавил европеец, — вы больше объяснили, нежели хотели. Теперь ясно, отчего у нас актрис нет, а танцовщиц очень много. Но шутки в сторону. Я думаю, у нас оттого нет актрис, что их заставляют представлять такие страсти, которых они никогда не подозревали, а вовсе не от недостатка способностей. Каждое чувство, повторяемое артистом, должно быть ему коротко знакомо для того, чтоб его выразить не карикатурно. Китайца в "Opium et champagne"[25] ничего не значит представить, но есть ли возможность, чтоб я хорошо сыграл индейского брамина, повергнутого в глубокое отчаяние оттого, что он нечаянно зацепился за парию, или боярина XVII столетия, который в припадке аристократического местничества, из point d'honneur, валяется под столом, а его оттуда тащат за ноги. Если б, в самом деле, у нас женщина не существовала как лицо, а была бы совершенно потеряна в семействе, тут нечего было бы и думать об актрисе. В пастушеской жизни, как и везде, могут быть страсти, по не те, которые возможны в драме, — слепая покорность, коварная скрытность, двоедушие так же мало идут в истинную драму, как подлое убийство, как чувственность. Необразованная семья слишком неразвита, она семья, — а в драме нужны лица. По счастью, такая семья только и существует в преданиях да в славянских мечтах. Но если мы и перешагнули за плетень патриархальности, так не дошли же опять до той всесторонности, чтоб глубоко сочувствовать прожитому, выстраданному опыту других. Ну, я вас спрашиваю, как сыграет русская актриса Деву Орлеанскую? это не в ее роде совсем; или: как русский актер воссоздаст эти величавые и мрачные, гордые и самобытные шекспировские лица, окружающие его Иоанна, Ричарда, Генрихов, — лица совершенно английские? Они для него так же странны, как человек, который бы нюхал глазами и ушами пел бы песни. Фальстафа он представит скорее, Цотому что в Фальстафе есть черты, которые мы можем видеть во всяком доме, во всяком уездном городе...

— Но есть же и общечеловеческие страсти?

— И да и— нет. Отелло был ревнив по—африкански и задушил невинную Дездемону, потом зарезался, называя себя "собакой". А у меня был приятель, сосед по имению, тоже преревнивый; он перехватил раз пись—мо, писанное к его жене и притом

[25] "Опиум и шампанское" (фр.)

очень недвусмысленное; в припадке ярости он употребил отеческую исправительную меру, приобщил к ней всю девичью, отдал в солдаты лакея — и помирился с женой. Ревность — одна страсть, но похожа ли она в бешеном мавре и в нравоучительном приятеле? До некоторой степени можно натянуть себя на пониманье чуждого положения и чуждой страсти, но для художественной игры этого мало. Поверьте, так как поэт всюду вносит свою личность, и чем вернее он себе, чем откровеннее, тем выше его лиризм, тем сильнее он потрясает ваше сердце; то же с, актером: чему он не сочувствует, того он не выразит или выразит учено, холодно; вы не забывайте, он все же себя вводит в лицо, созданное поэтом.

— О чем это вы так горячо проповедуете? — спросил, входя в комнату, один известный художник.

— Вот кстати—то, как нельзя больше; решайте нам вопрос, занимающий нас; мы единогласно выбираем вас непогрешающим судией.

— Много чести. В чем же дело?

— Во—первых, скажите, видали ли вы русскую актрису, которая бы вполне удовлетворила всем вашим требованиям на искусство?

— Которая была бы не хуже Марс, Рашель?

— Хоть Аллан и Плесси.

— Видел, — отвечал артист, — видел великую русскую актрису; только я ее сужу без всякого сравнения; все названные вами актрисы хороши, велики, каждая в своем роде, но как их искусство относится к той, которую я видел, не знаю. Знаю, что я видел великунУ актрису и что она была русская.

— В Москве или Петербурге?

— Вот задача—то для нашего славянина, — подхватил один из говоривших, — как вы думаете, ведь театр—то более принадлежит петербургской эпохе, нежели московской. Ну, где же она была?

— Все—таки, должно быть, в Москве, — решительно возразил славянин.

— Успокойтесь, Я ее видел ни там, ни тут, а в одном маленьком губернском городе.

— Вы это, верно, говорите для оригинальности, хотите нас поразить эффектом.

— Может быть. Вы признали меня непогрешающим судьей — ваше дело верить. Ну, как я теперь вам докажу, что двадцать лет тому назад я видел великую актрису, что я тогда рыдал от "Сороки—воровки"[26] и что все это было в. маленьком городке?

— Очень легко. Расскажите нам какие—нибудь подробности о ней: ведь не с неба же она свалилась прямо в "Сороку—воровку" и не улетела же вместе с безнравственной птицей.

— Пожалуй, — да только эти воспоминанья не отрадны для меня, как—то очень тяжелы. Но извольте, что помню — расскажу. Дайте сигару.

— Вот вам casadores cubrey, — сказал европеец, вынимая из портфеля длинную, стройную сигару, которой наружность ясно доказывала, что она принадлежит к высшей аристократии табачного листа.

— Вы знаете человеческую слабость — о чем бы человек ни вспоминал, он начинает всегда с того, что вспомнит самого себя; так и я, грешный человек, попрошу у вас позволенья начать с самого себя.

— От души позволяем, от всей души.

— Не знаю, будут ли подробности об актрисе интересны, а об

[26] Историческая мелодрама (1815) Кенъе и д'Обиньи

вас—то наверное: Parlez—nous de vous, notre grand—pёге Parlez—nous de vous![27] — напевал европеец.

Все успокоились, все немножко подвинулись, как обыкновенно бывает, когда приготовляются слушать. Передаю здесь, насколько могу, рассказ художника; конечно, записанный, он много потеряет и потому, что трудно во всей живости передать речь, и потому, что я не все записал, боясь перегрузить статейку. Но вот его рассказ.

— Вы знаете, что я начал свое артистическое поприще на скромном провинциальном театре. Дела нашего театра гюрасетрошшсь; я был уж женат, — надобно было думать о будущем. В самое это время распространились более и более сказочные повествования о театре князя Скалинского в одном дальнем городе. Любопытство видеть хорошо устроенный театр, надежды, а может быть, и самолюбие, сильно манили туда. Долго думать было не о чем; я предложил одному из товарищей, который вовсе ее предполагал ехать, отправиться вместе в N, и через неделю мы были там. Князь был очень богат и проживался на театр. Вы можете из этого заключить, что театр был не совсем дурен. В князе была русская широкая, размашистая натура: страстный любитель искусства, человек с огромным вкусом, с тактом роскоши, ну, и при этом, как водится, непривычка обуздываться а расточительность в высшей степени. За последнее винить его не станем: это у нас в крови; я, небогатый художник, и он, богатый аристократ, и бедный поденщик, пропивающий все, что выработывает, в кабаке, — мы руководствуемся одними правилами экономии; разница только в цифрах.

— Мы — не расчетливые немцы, — заметил с удовольствием славянин.

— В этом нельзя не согласиться, — прибавил европеец. — Останавливался ли кто из нас мыслию, что у него денег мало,

---

[27] Расскажите нам о себе, дедушка, расскажите нам о себе! (фр.)

например, когда ему хотелось выпить благородного вина? За него, говорит Пушкин:

Последний бедный лепт, бывало, Давал я, помните ль, друзья?

Совсем напротив: чем меньше денег, тем больше тратим. Вы, верно, не забыли одного из наших друзей, который, отдавая назад налитой стакан плохого шампанского, заметил, что мы еще не так богаты, чтоб пить дурное вино.

— Господа, мы мешаем рассказу. Итак—с?

— Ничего. — Князь слышал обо мне прежде. Когда я явился к нему, он был в своей конторе и раздавал билеты, с глубоким обсуживанием, достоин или нет и какого именно места достоин приславший за билетом. "Очень рад, очень рад, что вы вздумали наконец посетить наш театр, вы будете нашим дорогим гостем", — и бездну любезностей; мне оставалось благодарить и кланяться. Князь говорил о театре как человек, совершенно знающий и сцену и тайну постановки. Мы остались, кажется, довольны друг другом. — В тот же вечер я отправился в театр; не помню, что давали, но уверяю, что такой пышности вам редко случалось видеть: что за декорации, что за костюмы, что за сочетание всех подробностей! Словом, все внешнее было превосходно, даже выработанность актеров, по я остался холоден: было что—то натянутое, неестественное в манере, как дворовые люди князя представляли лордов и принцесс. Потом я дебютировал, был принят публикой как нельзя лучше: князь осыпал меня учтивостями. Приготовляясь ко второму дебюту, я пошел в театр. Давали "Сороку—воровку"; мне хотелось посмотреть княжескую труппу в драме.

Пьеса уже началась, когда я вошел; я досадовал, чти опоздал, и рассеянно, не понимая, что делают ца сиене, смотрел по сторонам, смотрел на правильное размещение лиц по чинам, на странное сборище физиономий, вовсе друг на друга не похожих, а выражающих одно и то же, на провинциальных барынь, пестрых, как американские птицы, и на самого князя, который так. гордо, так озабоченно сидел в своей ложе. Вдруг моыя поразил слабый женский,голос; в нем выражалось такое страшное, глубокое страдание. Я устремился глазами на сцену. Служанка откупщика узнала в старом бродяге своего отца, беглого солдата... Я почти не слушал ее слов, а слушал голос. "Боже мой! — думал я. — Откуда взялись такие звуки в этой юной груди; они не выдумываются, не приобретаются из сольфеджей, а бывают выстраданы, приходят наградой за страшные опыты". Она провожает отца до плетня, она стоит перед ним так просто, задумчиво; надежд мало его спасти, — и когда старик уходит, вместо слов, назначенных в роли, у нее вырвался неопределенный крик — крик слабого, беззащитного существа, на которое обрушилось тяжкое, незаслуженное горе. Теперь, через двадцать пет, я слышу этот раздирающий крик.

Он приостановился.

— Да, го.спода, — сказал он, помолчавши, — это была великая русская актриса!

Вероятно, вы знаете сюжет "Сороки—воровки", хоть цо россиниевской опере. Страшная пьеса, после которой ничего бы не оставалось на душе, кроме отчаяния, если бы не приделали мелодрамную развязку. Анету. обвиняют в краже; подозрение имеет как будто полное право пасть на ее голову; как ее не подозревать? Она бедна, она служанка. Да и, наконец, если обвинение окажется несправедливым, что за беда; ей скажут: "Поди, голубушка, домой; видишь, какое счастие, что ты невинна!" А до какой степени все это вместе должно разбить, уничтожить оскорблением нежное существо — Этого раесказать не могу; для этого надобно было видеть игру Анеты, видеть, как она, испуганная, трепещущая и оскорбленная, стояла при допросе; ее голос и вид были громкий протест — протест, раздирающий душу, обличающий много нелепого на свете и в то же время умягченный какой—то теплой, кроткой женственностию, разливающей свой характер нежной грации на все ее движения, на все слова. Я был изумлен, поражен;

этого я не ожидал. Между тем пьеса развивалась, обвинение шло вперед, бальи[28] хотел его для наказания неприступной красавицы; черные люди суда мелькали по сцепе, толковали так глубокомысленно, рассуждали так здраво, — потом осудили невинную Анету, и толпа жандармов повела ее в тюрьму... да, да, вот как теперь вижу, бальи говорит: "Господа служивые, отведите эту девицу в земскую тюрьму", — и бедная идет!, Но она останавливается еще раз. "Ришар, — говорит она, — я невинна, да неужели и ты не веришь, что невинна!" И тут уже среди стона угнетенной женщины звучит вопль негодования, гордости, той непреклонной гордости, которая развивается на краю унижения, иосле потери всех надежд, — развивается вместе с сознанием своего достоинства и тупой безвыходности положения. Помните старый анекдот, как добрый немец закричал из райка людям убитого командора, искавшим Дон—Жуана: "Он побежал направо в переулок!"? Я чуть не сделал того же, когда Анету повели солдаты. Потом сцена в тюрьме с бальи. Развратный старик видит невиновность ее в краже и предлагает продажей чести купить свободу. Несчастная жертва вырастает, ее слова становятся страшны, и какая—то глубокая ирония лица удвоивает оскорбительную силу слов. Я как—то случайно взглянул в продолжение этой сцены на князя; он был сильно потрясен, вертелся, покидал лорнет, опять брал его. "Как такому знатоку не быть пораженным этой игрой! Он, верно, умел вполне ценить такую актрису", — подумал я. Тихо, с опущенной головой, с связанными руками шла Анета, окруженная толпою солдат, при резких звуках барабана и дудки. Ее вид выражал какую—то глубокую думу и изумление. В самом деле, представьте себе всю нелепость: это дитя, слабое, кроткое, с светлым челом невинности, и французские солдаты с тесаками, с штыками, и барабаны; да где же неприятель? А: неприятель—то — это дитя в середине их, и они победят его... но она останавливается перед церковью, бросается молча на колени, поднимает

[28] судья (рт фр. bailli)

задумчивый взгляд к небу; не укор Прометея, не надменность Титана в этом взгляде, совсем нет, а так, простой вопрос: "За что же это? И неужели это правда?" Ее повели. Я рыдал, как ребенок. Вы знаете предание о "Со—рокё—воровке"; действительность не так слабонервна, как драматические писатели, она идет до конца: Анету казнили. В пьесе открывают, что воровка не она, а сорока, — и вот Анету несут назад в торжестве, но Анета лучше автора поняла смысл события; измученная грудь ее не нашла радостного звука; бледная, усталая, Анета смотрела с тупым удивлением на окружающее ликование, со стороною упований и надежд, кажется, она не была знакома. Сильные потрясения, горький опыт подрезали корень, и цветок, еще благоуханный, склонялся, вянул; спасти его нельзя было; как мне жаль было эту девушку!..

— Фу, боже мой, — продолжал он, обтирая лицо платком, — я такую волю дал воображению и воспоминанию, что, кажется, и заврался и расплакался; да я не могу об этих предметах иначе говорить, всякий раз увлекусь... Ну, занавесь опустилась. Как дорого бы я дал, чтоб ее опять подняли; еще бы раз взглянуть на эту потухающую красоту, на это изящное страдание. Но ее не вызывали. Не увидеть Анеты я не мог; идти к ней, сжать ей руку, молча, взглядом передать ей все, что может передать Художник другому, поблагодарить ее за святые мгновения, за глубокое потрясение, очищающее душу от разного хлама, — мне это необходимо было, как воздух. Я бросился за кулисы... в партере меня остановил один любитель театра; он кричал мне, выходя из своего ряда: "А ведь Диета—то недурна была, как вам? Очень недурна, немножко манеры тривиальны". Я не возражал ему ни слова; его бы не убедил, а время терять не хотел. "Куда вы?" — спросил меня официант, стоявший при входе за кулисы. "Я желаю видеть Анету, понимаешь, ту актрису, которая представляла сегодня служанку". — "Без княжого позволенья нельзя". — "Помилуй, любезный, я сам артист, третьего дня играл". — "Мне не было приказу вас пускать". — "Пожалуйста", — сказал я, выразительно опустивши два пальца в жилетный карман" "Какие вы мудреные, — отвечал лакей, — что же, мне из—за вас свою спину подставить?" Я болыпе ие настаивал и отправился домой, но я был близок к отчаянию, я был несчастен, и это не фраза, не пустое слово... Неужели из вас никому не случалось отдаваться безотчетно——и бесцельно обаятельному влиянию женщины, вовсе пе близкой, долго смотреть на нее, долго ее слушать, встречаться взглядом, привыкнуть к ее улыбке и так вжиться в эту летучую симпатию, что вы потом удивляетесь ее силе, когда эта женщина исчезает; и вы себя чувствуете как—то оставленным, одиноким; какая—то горечь наполняет душу, и весь вечер непорчен, и вы торопитесь домой и сердитесь, что у вас в передней нагорело на свече и что сигара скверно курится, — все оттого, что сыграли роман в полтора часа, роман с завязкой и развязкой. Если вы это испытали, то поймете, что происходило во мне, молодом художнике; тоска по Ане—те привела меня в лихорадочное состояние. Я, больной, бросился на кровать, я бредил, спал и не спал, и в обоих случаях образ несчастной служанки носился передо мною. То она стоит, осужденная, так просто, удивительно просто; кругом сумасшедшие, — их называют судьи, — и мне становилось горько; никто из них не может понять, что с этим лицом и с этим голосом нельзя быть виноватой. То вооруженные стражи ведут ее, со связанными руками, на торжественное убиение и думают, что делают дело. То несут ее с криками радости, ей толкуют, говорят, что все прошло, что она свободна, — а она устала, у ней нет сил обрадоваться, она как будто спрашивает: "Да что же было, ведь ничего и не было?" Словом, тысячи вариаций на тему "Сороки—воровки" бродили у меня в голове всю ночь.

На другой день утром, часов в одиннадцать, я отправился в дом князя с твердым намерением лечь костьми или добиться аудиенции у Анеты. Когда я взошел на парадное крыльцо — один отпертый вход во все до—мы, домики и флигеля князя, — явился швейцар с своим глобусом на палке. Начался допрос: к кому, зачем? Я сказал. Швейцар объявил мне, что без письменного дозволения от князя меня не пропустят. "Ну, меценат ревнив", — подумал я. "Да как же берут эти дозволения?" — "Пожалуйте в контору, там управляющий может доложить его сиятельству". Швейцар позвонил; вышел официант и повел меня в контору. Гордо развалясь перед конторкой, сидел толстый управляющий, и, несмотря на ранний час, он уже успел не только утолить голод, но даже и жажду. Я объяснил ему мою просьбу; вероятно, толстый господин не очень бы двинулся для меня, но он знал, что князь хотел заманить меня в свою труппу, и, предоставляя себе делать мне отказы и неприятности впоследствии, счел за нужное теперь уступить моей просьбе и сам отправился к князю для переговоров по такому важному делу. Через минуту он возвратился с вестью, что князь билет подпишет и пришлет в контору. Мне было некуда идти, я сел в угол. В конторе царствовала большая деятельность. Француз—декоратёр прибегал крупно браниться с управляющим и ломаным русским языком говорил совершенно не русские вещи; он был растрепан, в засаленном сюртуке и так гордо смотрел, как сам управляющий, и так ругался, как сам князь. Потом управляющий велел позвать какого—то Матюшку; привели молодого человека с завязанными руками, босого, в сером кафтане из очень толстого сукна. "Пошел к себе. — сказал ему грубым голосом управляющий, — да если в другой раз осмелишься выкинуть такую штуку, я тебя не так угощу; забыли о Сеньке". Босой человек поклонился, мрачно посмотрел на всех и вышел вон. "Sacre"[29], — пробормотал декоратёр и вышел вон, надевши середь комнаты шляпу. "Лицо молодого человека мне что—то очень знакомо", — сказал я лакею, случившемуся близь меня. "Да вы с ним третьего дня играли". — "Неужели это трт, который играл лорда?" — "Тот самый". — "За что это его так скрутили?" — спросил я, понизив голос. Лакей бросил косвенный взгляд на управляющего, и, видя, что он щелкает на счетах, следственно, совершенно поглощен, отвечал мне полушепотом: "Записочку перехватили

[29] Проклятый (фр.)

к одной актерке; ну, князь этого у нас недолюбливает, то есть не сам—то... а то есть насчет других—то недолюбливает; он его и велел на месяц посадить в сибирку". — "Так это его тогда приводили на сцену оттуда?" — "Да—с; им туда роли посылают твердить... а потом связамши приводят". — "Порядок всего дороже", — отвечал я, и желание идти в княжескую труппу начало остывать.

Дверь в контору растворилась с шумом, все вскочили, вошел князь. Лакей взглянул на меня, я понял: это была просьба о скромности, Князь пряно подошел ко мне и, подавая билет, заметил, как ему приятно, что артистка его труппы заслужила такое одобрение от меня, весьма лестно отзывался о ней, страх как жалел, что она слаба здоровьем, извинялся, что меня не, пустили без билета... "Делать нечего, порядок в нашем деле — половина успеха; ослабь сколько—нибудь вожжи — беда, артисты люди беспокойные. Вы знаете, может быть, что французы говорят: легче армией целой управлять, нежели труппой актеров. Вы не сердитесь за это, — прибавил он, смеясь, — вы так привыкаете играть разных царей, вельмож, что и за кулисами остаются такие замашки". — "Князь, — сказал я, — если французы это говорят, то потому, что они не знают устройства вашей труппы и ее управления". — "О, да вы к тому же и льстец большой!" — заметал князь, грозя пальцем, и,. благосклонно улыбнувшись, важно отправился к бюро. А я — к Анете.

Пока я достиг флигеля, где жила Анета, меня, раза три останавливали то лакей в ливрее, то дворник с бородой: билет победил все препятствия, и я с биющим—ся сердцем постучался робко в указанную дверь. Выщла девочка лет тринадцати, я назвал себя. "Пожалуйте, — сказала она, — мы вас ждем". Она привела меня вдовольно опрятную комнатку, вышл—а в другую дверь; дверь через минуту отворилась, и женщина, одетая вся в белом, шла скорыми шагами ко мне. Это была Анета. Она протянула мне обе руки и сказала:

— Чем заслужила я это,., благодарю.вас... — сказала тем

голосом, который вчера так сильно потряс меня, и прежде, нежели я успел, что—нибудь отвечать, она залилась слезами. — Извините, — шептала она сквозь слезы прерывающимся голосом, — бога ради, извините... это сейчас пройдет... я так обрадовалась... я слабая женщина, простите.

— Успокойтесь, что с вами? успокойтесь, — говорил я ей, и мои слезы капали на жилет, — если б я знал, что мое посещение...

— Полноте, как вам не грешно, полноте, — и она снова протянула мне руку, омоченную слезами, а другою закрыла глаза, — вы не можете понять, сколько добра вы мне сделали вашим посещением, это — благодеяние... будьте же снисходительны, подождите минуту... я немного выпью воды, тогда все пройдет, — и она улыбнулась мне так хорошо и так печально... — Мне давно хотелось поговорить с художником, с человеком, к. рому я могла бы все сказать, но я не ждала такого человека, и вдруг вы, — я вам очень благодарна. Пой демте в ту комнату, здесь могут нас подслушать; не думайте, чтоб я боялась, нет, ей—богу, нет. Но это шпилиство унизительно, грязно... и не для их ушей то, что я вам хочу сказать.

Мы вошли в спальню; она выпила воды и бросилась на стул, указывая мне на кресло. Где были все придуманные мною похвалы, где были эти тонкие за мечания, которыми я хотел похвастать? Я смотрел на нее сквозь слезы, смотрел, и грудь моя поднималась. Лицо ее, прекрасное, но уже изнеможенное, было страшное сказанье: в каждой черте можно было прочесть ту исповедь, которая звучала в ее голосе вчера. К этим чертам, к этому лицу прибавлять много не было нужды: несколько собственных имен, несколько случайностей, чисел; остальное было высказано очень ясно. Огромные черные глаза блистали не восточной негой, а как—то траурно, безнадежно; огонь, светившийся в них, кажется, сжигал ее. Худое и до невероятности истомленное лицо раскраснелось от слез как—то неестественно, чахоточно; она отбросила волосы за ухо и склонила на руку, опертую на стол, свою голову. Зачем тут не было Кановы или Торвальдсена: вот статуя страданья —

страданья внутреннего, глубокого! "Что за благородная, богатая натура, — думал я, — которая так изящно гибнет, так страшно и так грациозно выражает несчастие!.." Минутами артист побеждал во мне человека... я восхищался ею как художественным произведением.

Между тем она оправилась и говорила:

— Не правда ли, какая смешная встреча? Да еще не конец; я вам хочу рассказать о себе; мне надобно высказаться; я, может быть, умру, не увидевши в другой раз товарища—художника... Вы, может быть, будете смеяться, — нет, это я глупо сказала, — смеяться вы на будете. Вы слишком человек для этого, скорее вы сочтете меня за безумную. В самом деле, что за женщина, которая бросается с своей откровенностью к человеку, которого не знает; да ведь я вас знаю, я видела вас на сцене: вы — художник.

Я жал ее руку и не мог вымолвить ни слова.

— История моя не длинна, очень коротка, напротив: я не утомлю вас; послушайте ее хоть за то удовольствие, которое я вам доставила Анетой,

— Да говорите, ради бога, говорите; я жадно ловлю каждое слово, хотя, скажу вам откровенно, я бы мог вам—рассказать вашу историю, не слыхав ни от вас, ни от кого другого ни слова... я ее знаю.

— Вот потому—то я вам и расскажу ее. Я не так давно в здешней труппе. Прежде я была на другом провинциальном театре, гораздо меньшем, гораздо хуже устроенном, но мне там было хорошо, может быть оттого, что я была молода, беззаботна, чрезвычайно глупа, жила, не думая о жизни. Я отдавалась любви к искусству с таким увлечением, что на внешнее не обращала внимания, я более и более вживалась в мысль, вам, вероятно, коротко знакомую, — в мысль, что я имею призвание к сценическому искусству; мне собственное сознание говорило, что я — актриса. Я беспрерывно изучала мое искусство, воспитывала те слабые способности, которые нашла в себе, и радостно видела, как трудность за трудностью исчезает. Помещик наш был добрый, простой и честный человек; он уважал меня, ценил мои таланты, дал мне средства выучиться по—французски, возил с собою в Италию, в Париж, я видела Тальму и Марс, я пробыла полгода в Париже, и — что делать! — я еще была очень молода, если не летами, то опытом, и воротилась на провинциальный театрик; мне казалось, что какие—то особенные узы долга связуют меня с воспитателем. Еще бы год!., мало ли что могло бы быть... Он умер скоропостижно; в мрачной боязни ждали мы шесть недель; они прошли, вскрыли бумаги, но отпускные, написанные нам, затерялись, а может, их и вовсе не было, может, он по небрежности и не успел написать их, а говорил нам так, вроде любезности, что они готовы. Новость эта оглушила нас; пока мы еще плакали да думали, что делать, нас продали с публичного торга, а князь купил всю труппу. Он нас хорошо принял, хорошо поместил, как вы сами видите, даже положил большие оклады, не стесняя себя, впрочем, точностью выдачи. Но это был уже не прежний директор, добродушный и снисходительный; оп с первого разу дал почувствовать всю необъятную разницу между им и его гаерами, назначенными для удовольствия. Он привык к раболепию, он протягивал свою руку охотникам целовать; дворецкий и толпа его фаворитов старались подражать ему в обращении. Тяжело было на сердце, очень тяжело, но были еще и отрадные минуты; меня берегли за талант, и я умела еще так предаваться искусству, что забывала окружающее; меня тешило — самой смешно и стыдно теперь — прекрасное устройство театра. Все это прошло, — даже становится невероятным, что было.

Я стала замечать, что князь особенно внимателен ко мне; я поняла эту внимательность и — вооружилась. Князь не привык к отказам из труппы. Я делала вид, что ничего не понимаю; он счел за нужное высказывать яснее и яснее свои намерения; наконец он подослал ко мне управителя, сулил отпускную на том условии, чтоб я на десять лет сделала контракт с его театром, не говоря о других обещаниях и условиях. Я прогнала управителя, и на время преследования прекратились. Раз поздно вечером, воротившись с представления, я читала вслух, одна, читала вновь переведенную с немецкого трагедию "Коварство и любовь". Вы знаете, вероятно, ее. В ней так много близкого душе, так много негодования, упрека, улики в нелепости жизни, которую ведут люди; когда читаешь ее, будто вспоминаешь что—нибудь родное, близкое, бывалое. Все лица этой пьесы оставляют какое—то тяжелое впечатление — гофмаршал, и леди, и старик камердинер, у которого дети пошли добровольно в Америку... и милые дети, Фердинанд и Луиза. Знаете, Луизу я сыграла бы, особенно сцену с Вурмом, где он заставляет писать письмо, есди бы можно, при вас, да князь не любит таких пьес. Итак, я читала "Коварство и любовь" и была совершенно под влиянием пьесы, увлечена, одушевлена ею; вдруг кто—то сказал: "Прекрасно, прекрасно!" — и положил мне на раскрытое плечо свою руку. Я с ужасом отскочила к стене. Это был князь.

— Что угодно приказать вашему сиятельству? — спросила я голосом, дрожавшим от бешенства и негодования. — Я слабая женщина, вы это сейчас видели, по уверяю, я могу быть и сильной женщиной.

(— Я и это видел, — возразил я, намекая на некоторые выражения в ее рассказе.)

— Приказывать нечего, — отвечал князь, стараясь придать пленительное выражение своему лицу, — можно ли приказывать таким глазкам: они должны приказывать.

Я смотрела прямо ему в глаза. Он несколько смутился, он ждал какого—нибудь ответа. Но он скоро нашелся, подошел ко мне и, сказавши: "Ne faites done pas la prude[30], не дурачься, ну, посмотри же на меня не так; другие за счастье поставили бы себе...", он взял. меня за руку; я ее отдернула.

---

[30] Не разыгрывай недотрогу (фр.)

— Князь, — сказала я, — вы меня можете отослать в деревню, на поселение, но есть такие права и у самого слабого животного, которых у него отнять нельзя, пока оно живо, по крайней мере. Идите к другим, осчастливьте их, если вы успели воспитать их в таких понятиях.

— Mais elle est charmante![31] — возразил князь. — Как is ней идет этот гнев! Да полно ролю играть.

— Князь, — сказала я сухо, — что вам угодно в моей комнате в такое время?

— Ну, пойдем в мою, — отвечал князь, — я не так грубо принимаю гостей, я гораздо добрее тебя. — И он придал своим глазам вид сладко—чувствительный. Старик этот в эту минуту был безмерно отвратителен, с дрожащими губами, с выражением... с гадким выражением.

— Дайте вашу руку, князь, подите сюда.

Он, ничего не подозревая, подал мне руку; я, подвела его к моему зеркалу, показала ему его лицо и спросила его:

— И вы думаете, что я пойду к этому смешному старику, к этому плешивому селадону? — Я расхохоталась.

Князь побледнел от бешенства. В первую минуту он, вырвавши свою руку, поднял ее и, вероятно, ударил бы меня в лицо, если б он больше владел собою. Он ограничился грубой бранью и вышел вон, крича:

— Я тебя научу забываться! Кому смеешь говорить! Я, дескать, актриса, нет, ты моя крепостная девка, а не актриса...

Я захлопнула за ним дверь и бросила на пол столовый ножик, который без всякой мысли схватила, когда мне помешали читать, и потом спрятала его в рукав на всякий случай.

---

[31] А ведь она очаровательна! (фр.)

Что я чувствовала, как я провела эту ночь, ва можете понять. Не хочу —вам рассказывать ряда мелких, оскорбительных неприятностей, который начался для меня с этого дня. У меня отняли лучшие роли, меня "мучили беспрерывной игрой в ролях, вовсе чуждых моему таланту, со мною все наши власти начали обращаться грубо, говорили мне "ты", не давали мне хороших костюмов; не хочу потому рассказывать, что это все пойдет в похвалу князю: он не так бы мог посту—. пить со мною, он поделикатился, он меня уважил гонениями, в то время как он мог наказать меня другими средствами. Да и сказать правду, я думаю, меня не скоро бы они добили только такими мелочами... хуже всего этого были последние слова князя; они врезались в го—: лову, в сердце; я не знаю, как вам сказать, антонов огонь сделался около них... Я не могла отделаться от них, забыть... С тех пор я постоянно в лихорадке, сон не освежает меня, к вечеру голова горит, а утром я как в ознобе. Поверите ли, что с тех пор каждую неделю мне перешивают костюмы, и я радуюсь этому, а с тем вместе, признаюсь вам, страшно, страшно и больно. Да разве не могло иначе быть?.. Видно, что нет... С тех пор больная, в каком—то горячечном состоянии выхожу я на сцену, и меня осыпают рукоплесканиями, не понимая моей игры. Я с тех пор играю одну роль, зрители не догадались. Талант мой тухнет, я становлюсь одностороннее; есть роли, которые я играю небрежно, которые мне сделались невозможны. Итак, все кончено — и талант и жизнь... прощай, искусство, прощайте, увлечения на сцене! Поживу еще года два с Князевыми словами: их бы вырезать на моей могиле.

Она умолкла. Я не нашел ей ничего сказать в утешение. Помолчавши, она продолжала;

— Месяца два тому назад был бенефис. Прошу ко—",: стюма — не дают. "В таком случае, — сказала я режио серу, — я куплю на свои деньги что надобно и сошью его себе". Надеваю шляпку и хочу идти в лавки.

— Не велено никуда пускать без спросу; где у вас дозволение?

Я была раздражена и пошла в контору. Князь был там; подхожу к нему и прошу позволения идти в лавки.

— Странное время тебе назначают любовники для свиданья — утром! — заметил князь к неописанному удовольствию управляющего и лакеев.

Кровь бросилась мне в голову; мое поведение было незапятнанное; оскорбление вывело меня из себя.

— Так это для сбережения нашей чести вы запираете нас? Ну, князь, вот вам моя рука, мое честное слово, что ближе году я докажу вам, что меры, вами избранные, недостаточны!

При этом я вышла прежде, нежели он успел сказать слово.

Тут она остановилась, взволнованная, изнуренная. Я ее просил успокоиться, выпить еще воды, держал ее холодную и влажную руку в моей... она опустила голову; казалось, ей тяжело продолжать. Но вдруг она подняла ее, гордую и величественную, и, ясно взглянув на меня, сказала:

— Я сдержала слово!..

Я готов был броситься к ногам этой женщины. Кан высока, как сильна, как чудно изящна казалась она мне в эту минуту признания!

Мы помолчали.

— Мой роман не оставил мне тех кротких, сладких воспоминаний счастья, упоений, как у других: в нем все лихорадочно, беаумно: в нем не любовь, а отчаяние, безвыходность... Я вам не расскажу его, потому что, собственно, нечего рассказывать.

— Князь знает? — спросил я.

— Вероятно, знает; он все знает... да я бы была в отчаянии, если б он не энал. Я пе боюсь его; я умру в этой комнате, а уж проситься не пойду к нему. Я и это слово сдержу. Меня одно страшило: умереть, не видавши человека... теперь вы понимаете, что для меня ваше посещение... Одно нехорошо, и тем хуже, что это прежде мне не приходило в голову! малютка будет его, он ему скажет: "Прежде всего ты мой". А, впрочем, я так слаба, так больна, что бог милостив — приберет и его.

— Да нельзя ли как—нибудь... располагайте мною.

— Нет; вы видите, как нас строго пасут.

"Бедная артистка! — думал я. — Что за безумный, что за преступный человек сунул тебя на это поприще, не подумавши о судьбе твоей! Зачем разбудили тебя? Затем только, чтоб сообщить весть страшную, подавляющую? Спала бы душа твоя в неразвитости, и великий талант, неизвестный тебе самой, не мучил бы тебя; может быть, подчас и поднималась бы с дна твоей души непонятная грусть, зато она осталась бы непонятной".

— Пора нам расстаться, — сказала она печально.

— Прощайте, благодарю вас; как бы я желал что—нибудь...
Она улыбнулась.

— Вспоминайте иногда, что и во мне...

— Погибла великая русская актриса!..

Я вышел, заливаясь слезами.

— Знаешь ли, какая радость? — сказал мне товарищ мой, когда я возвратился домой. — Здесь сейчас был управляющий князя, удивлялся, что ты не приходил еще домой, и велел тебе сказать, что князь желает тебя оставить на следующих условиях. — Он с торжествующим лицом подал мне бумагу.

Условия были превосходны.

— А знаешь ли ты новость? — отвечал я ему. — Идучи домой, я зашел к нашему ямщику и нанял ту же тройку, которая нас сюда привезла. Оставайся, если хочешь, а я через час еду.

— Да что ты, с ума сошел?

— Не знаю, но я здесь не останусь: климат не здоров для художника. А? Подумай—ка, да и поедем на наш старый театр, с его декорациями, в которых муд—і рено отличить тенистую аллею от реки, в которых море ј спокойно, а стены волнуются. Поедем—ка!

— Я бы и готов, право, воротиться, — отвечал товарищ, беззаботнейший из смертных, — да ведь с голоду там умрем.

— А здесь от сытости. Голод можно вылечить куском хлеба, а кусок хлеба, слава богу, с нашим здоровьем выработаем. Болезни от сытости не так скоро лечатся.

Товарищ задумался; я не хотел его уговаривать. Вдруг он помер со смеху:

— Ха—ха—ха! Еду, братец, еду! Знаешь ли, что мне в голову пришло: как удивится Василий Петрович, когда мы через две недели воротимся, вот удивится—то!

Эта мысль о сюрпризе совершенно примирила моего приятеля с неожиданным путешествием. Однако он спросил:

— Ну, а управляющему какой ответ?

— Тут очень затрудняться нечем: не мы будем отвечать завтра, если сегодня уедем; ему скажут: вчера отправились обратно. Вот и князю сюрприз такой же, как Василью Петровичу.

— В самом деле хорошо, оттого хорошо, что условия выгодны; пусть он знает, что не все. на свете покупается. Сейчас буду укладываться! —И он начал увязывать и складывать небольшие пожитки наши, на—свистывая мотив из "Калифа Багдадского".

Вот и все. Для полноты прибавлю, что через два часа мы попрыгивали в кибитке. Мне было скверно, какая—то желчевая злоба наполняла душу; я пробовал и на дорогу смотреть, и по сторонам, и сигары курить — ничего не помогало. Да и, как на смех, небо было серо, ветер холоден, даль терялась за болотистыми испарениями, все виды, которыми я восхищался, ехавши сюда, были угрюмы; оттого ли, что я их видел в обратном порядке, или от чего другого, только они меня не веселили. Даже роскошные господские домы о парками и оранжереями, так гордо красовавшиеся между почерневших и полуразвалившихся изб, казались мне мрачными.

— Что же сделалось потом с Анетой? Видели вы ее?

— Нет; она умерла через два месяца после родов.

Художник отирал слезы, бежавшие по щеке. Молодые люди молчали; он и они представляли прекрасную надгробную группу Анете.

— Все так, — сказал, вставая, славянин, — но зачем она не обвенчалась тайно?..

ПОВРЕЖДЕННЫЙ

I

...В одну очень тяжелую эпоху моей жизни, после бурь и утрат и перед еще большими бурями и утратами, встретил я одно странное лицо, которого слова и суждения мне сделались больше понятны спустя некоторое время. Человек этот попался мне на дороге, точно как эти мистические лица чернокнижников, пилигримов, пустынников являются в средневековых рассказах, для того чтобы приготовить героя к печальным событиям, к страшным ударам, вперед примиряя с судьбой, вооружая терпением, укрепляя думами.

Дело было на Корниче.

Я приплыл на лодке из Ниццы в небольшой городок; оттуда я собирался ехать сухим путем, но лошади единственного ветурина только что воротились, надобно было им дать отдохнуть, по его словам, "два маленьких часа", что значило, по крайней мере, четыре очень больших. Мне было некуда торопиться и совершенно все равно, днем позже или раньше приеду в Геную. Я заказал себе завтрак и пошел бродить по берегу.

Какое счастие, что есть на свете полоса земли, где природа так удивительно хороша и где можно еще жить До поры до времени свободному человеку.

Когда душа носит в себе великую печаль, когда человек не настолько сладил с собою, чтобы примириться с прошедшим, чтобы успокоиться на понимании, — ему нужна и даль, и горы, и море, и теплый, кроткий воздух; нужны для того, чтобы грусть не превращалась в ожесточение, в отчаяние, чтобы он не зачерствел. Хороший край нужнее хороших людей. Люди готовы сострадать, но почти никогда не умеют; от их сострадания становится хуже, они бередят раны, они неловки. Сверх того, люди бесят или рассеивают; к чему еще беситься, к чему, с другой стороны, бежать от печали, это так же робко и слабо, как глупо бежать от наслаждений, когда они еще веселят.

Досадно, что я не пишу стихов. Речи об этом крае необходим ритм, так, как он необходим морю, которое мерными стопами во веки нескончаемых гексаметров плещет в пышный карниз Италии. Стихами легко рассказывается именно то, чего не уловишь прозой... едва очерченная и замеченная форма, чуть слышный звук, не совсем— пробужденное чувство, еще не мысль... в прозе просто совестно повторять этот лепет сердца и шепот фантазии.

День был удивительный, жар только что начинался, яркое, утреннее солнце освещало маленький городок, померанцевую рощу и море. Пригорок был покрыт лесом маслин. Я лег под старой, тенистой оливой неда—. леко от берега и долго смотрел, как одна волна за другою шла длинной, выгнутой линией, подымалась, хмурилась, начинала закипать и разливалась, пропадая струями и пеной, в то время как следующая с тем же важным и стройным видом хмурилась и закипала, чтобы разлиться. Нам так чуждо все бескорыстное, так дешево все настоящее, что и в вечном колыхании природы человек невольно ждет чего—то — следующей волны, развязки... вот теперь, кажется, что—то да выйдет... кажется, что теперь, а волна опять разлилась и шумит, шурстя камнями, которые утягивает с собой вглубь, чтобы при первом ветре выбросить их снова на берег.

Волна моей жизни, думалось мне, тоже перегнулась и течет вспять, я чувствую, как она отступает, касается каменьев дна и берега, как увлекает меня назад, не обращая внимания ни на ушибы, ни на усталость и нашептывая в утешение:

Погоди немного,

Отдохнешь и ты!

"..Наша жизнь вовсе на наша, все делается помимо нас.

Человек растет, растет, складывается и прежде, нежели замечает, идет уж под гору. Вдруг какой—нибудь удар будит его, и он с удивлением видит, что жизнь не только сложилась, но и прошла. Оп тут только замечает тягость в членах, седые волосы, усталь в сердце, вялость в чувствах. Помочь нечем. Узел, которым организм евязап и затянут, — личность — слабеет. Жгучие страсти выдыхаются в успокоивающие рассуждения, дикие порывы — в благоразумные отметки, сердце холодеет, привыкает ко всему, мало требует, мало дает, химическое сродство, где можеэг, утягивает составные части в минеральный мир и заменяет их чем—то мертвым, каменным. Безличная мысль и безличная природа одолевают мало—помалу человеком и влекут его безостановочно на свои вечные, неотвратимые кладбищ ща логики и стихийного бытия...

II

...Когда я пришел в гостиницу, на дворе уже было очень жарко, я сел на балконе. Перед глазами тянулась длинной ниткой обожженная солнцем дорога, она шла у самого моря, по узенькой нарезке, огибавшей гору. Мулы, звоня бубенчиками и украшенные красными кисточками, везли бочонки вина, осторожно переступая с ноги на ногу; медленное шествие их нарушилось дорожной каретой, почталион хлопал бичом и кричал, мулы жались к скалистой стене, возчики бранились, карета, покрытая густыми слоями пыли, приближалась больше и больше и остановилась под балконом, на котором я сидел.

Почталион соскочил с лошади и стал Откладывать, толстый трактирщик в фуражке Национальной гвардии отворил дверцы и два раза приветствовал княжеским титулом сидевших в карете, прежде нежели слуга, спавший на козлах, пришел в себя и, потягиваясь, сошел на землю.

"Так спят на козлах и так аппетитно тянутся только русские слуги", — подумал я и пристально посмотрел на его лицо; русые усы, сделавшиеся светло—бурыми от пыли, широкий нос, бакенбарды, пущенные прямо в усы на половине лица, и особый национальный характер всех его приемов убедили меня окончательно, что почтенный незнакомец был родом из какой—нибудь тамбовской, пензенской или симбирской передней. Как ни философствуй и ни клевещи на себя, но есть что—то шевелящееся в сердце, когда вдруг неожиданно встречаешь в дальней дали своих соотечественников. Между тем из кареты выскочил человек лет тридцати, с сытым, здоровым и веселым видом, кото—рый дает беззаботность, славное пищеварение и не излишне развитые нервы. Он посадил на нос верховые очки, висевшие на шнурке, посмотрел направо, посмотрел налево и с детским простодушием закричал спутнику в карете:

— Чудо какое место, ей—богу, прелесть, вот Италия так—Италия, небо—то, небо синее, яхонт! Отсюда начинается Италия!

— Вы это шестой раз говорите с Авиньона, — заметил его товарищ усталым и нервным голосом, медленно выходя из кареты.

Это был худощавый; высокий человек, гораздо постарше первого; он почти весь был одного цвета, на нём был светло—зелёный пальто, фуражка из небеленого батиста, под цвет белокурым волосам, покрытым пылью, слабые глаза его оттенялись светлыми ресницами, и, наконец, лицо завялое и болезненное было больше Ꙏзжелта—зеленоватое, нежели бледное.

Печальная фигура посмотрела молча в ту сторону, в которую показывал его товарищ, не вражая ни удивления, ни удовольствия.

— Ведь это всё оливы, всё оливы, — продолжал молодой человек.

— Оливовая зелень прескучная и преоднообразная, — возразил светло—зеленый товарищ, — наши березовые рощи красивее.

"Ба, — подумал я, — да это старые знакомые, это Ноздрев и Мижуев, переложенные на новые нравы и едущие не в Заманиловку, а в Сен—Ремо".

Молодой человек покачал головой, как будто хотел сказать: "Неисправим, хоть брось!" — и взглянул наверх. Лицо его показалось мне знакомо, но, сколько я ни старался, я не мог припомнить, где я его видел. Русских вообще трудно узнавать в чужих краях, они в России ходят по—немецки без бороды, а в Европе по—русски отращивая с невероятной скоростью бороду.

Мне ае пришлось долго ломать головы. Молодой, че ловек с тем добродушием и с той беззаботной сытостью в выражении, с которыми радовался оливам, бежал ко мне и кричал по—русски:

— Вот не думал, не гадал — истинно говорят, гора е горой не сходится — да вы меня, кажется, не узнаете?, Старых знакомых забывать стали?

— Теперь—то очень узнаю; вы ужасяо переменились, и борода, и растолстели, и похорошели, такие стали кровь с молоком. —

In corpora sano mens sana, — отвечал он, от душа смеясь и показывая ряд зубов, которому бы позавидовал волк. — И вы переменились, постарели — а что? Жизнь—то кладет свои нарезки? Впрочем, мы четыре года не видались; много воды утекло с тех пор.

— Не мало. Как вы сюда попали?

— Еду с больным...

Эта был лекарь Московского университета, исправлявший некогда должность прозектора; лет пять перед тем я занимался анатомией и тогда познакомился с ним. Он был добрый, услужливый малый, необыкновенно прилежный, усердно занимавшийся наукой a livre ouyert[32], то есть никогда не ломая себе головы ни над одним вопросом, который не был разрешен другими, но отлично нлавпиш нее разрешенные вопросы.

— А! Так этот зеленый товарищ ваш больной; куда же.вы его дели?

— Это такой экпомиляр, что и в Италии у вас не скоро сыщешь. Вот чудак—то. Машина была хороша, да немного повредилась (при этом.он показал пальцем на лоб), я и чиню ее теперь. Он шел слоца,. да черт меня дернул сказать, что.я вас знаю, он перепугался; ипохондрия, доходящая, до мании; иногда он целые дни молчит, а иногда говорит, говорит — такие вещи, цу просто волос дыбом становится, все отвергает, все — оно уж эдак через край; я сам, здаете, не очень бабьим сказкам верю, однако ж все же есть что—то. Впрочем, он претихий и предобрый; ему ехать за границу вовсе не хотелось. Родные уговорили, знаете, с рук долой, ну да и языка—то его побаивались — лакеи, дворники все на откупу у полиции — поди там, оправдывайся. Ему хотелось в деревню, а имение у него с сестрой неделеное; та и перепугалась — коммунизм, говорит, будем мужикам проповедовать, тут и собирай недоимку. Наконец, он согласился ехать, только непременно я Южную Италию, Magna Graecia![33] Отправляется в Ка—набрию и ваш покорный слуга с ним в качестве лейб—медика. Помилуйте, что 8а место, там, кроме бандитов да попов,

[32] без труда; буквально — непосредственно с листа (фр.)

[33] Великая Греция — название Южной Италии (лат.)

человека ее найдешь; я вот проездом в Марселе купил себе пистолет—револьвер, знаете, четыре ствола так повертываются.

— Знаю. Однако ж должность ваша не из самых веселых, быть беспрестанно с сумасшедшим.

— Ведь он не в самом деле на стену лезет или кусается. Он меня даже любит по—своему, хотя и не даст слова сказать, чтобы не возразить. Я, впрочем, совершенно доволен; получаю тысячу серебром в год на всем готовом, даже сигарок не покупаю. Он очень деликатен, что до этого касается. Чего—нибудь стоит и то, что на свет посмотришь. Да, послушайте, надобно вам показать моего чудака.

— Бог с ним совсем. Кстати, вы не только других не знакомьте, но и сами будьте осторожны, со мной верноподданным дозволяется только грубить, а не то вас, пожалуй, после возвращения из Италии в такую Калабрию пошлют, где ни попов, ни разбойников нет. А может быть, и peggio[34] — такое зададут arpeggio[35].

— Ха—ха—ха — эк язык—то, язык, все тот же, все с ядом, все бы кусаться, вот небось этого не забыли — arpeggio. Не боимся мы, наше дело медицинское; ну, позовут к Леонтию Васильевичу, что же? Я скажу откровенно — помилуйте, генерал, на дороге встретил человека, без живота лежит, не может дальше ехать, ну я ему лауданума с мятой дал, это обязанность звания, долг человечества. Он ведь и поймет, что это вздор, ну, да умный человек, надоело же все в Сибирь да в Сибирь, скажет — ну вперед будьте осторожны, я говорю для вашего собственного блага, это отеческий совет, — так и отпустит. Нынче у нас как—то меньше смотрят за этим, ей богу; у Излера "Пресса" лежит тан, как "Петербургские ведомости", просто на столе лежит. —

И притом еще отборные нумера, не так, как здесь, сплошь да рядом.

---

[34] хуже (ит.)

[35] арпеджо (музыкальный термин) (ит.)

— Смейтесь, смейтесь, много небось вы здесь выиграли февральской революцией?

— У... у... да вы преопасный человек, вы уж разрешили эдак о мятежах и злоумышленниках говорить, — смотрите — до добра это не доведет.

— Я притащу моего пациента — ну что вам в самом деле, через час разъедетесь; он предобрейщий человек и был бы преумный.

— Если б не сошел с ума.

— Это несчастие... вам, ей—богу, все равно, а ему рассеяние и нужно и полезно.

— Вы уже меня начинаете употреблять с фармацевтическими целями, — заметил я, но лекарь уже летел по коридору.

Я не подчинился бы его желанию и его русской распорядительности чужою волею, но меня, наконец, интересовал светло—зеленый коммунист—помещик, и я остался его ждать.

Он взошел робко и застенчиво, кланялся мне как—то больше, нежели нужно, и нервно улыбался. Чрезвычайно подвижные мускулы лица придавали странное неуловимое колебание его чертам, которые беспрерывно менялись и переходили из грустно—печального в насмешливое и иногда даже в простоватое выражение. В его глазах, по большей части никуда ие смотревших, былн заметна привычка сосредоточенности и большая внутренняя работа, подтверждавшаяся морщинами на лбу, которые все были сдвинуты над бровями. Недаром и не в один год мозг выдавил через костяную оболочку свою такой лоб и с такими морщинами, недаром и мускулы лица сделались такими подвижными.

— Евгений Николаевич, — говорил ему лекарь, — позвольте вас познакомить, представьте, какой странный случай, вот где встретился — старый пршггель, с которым вместе кошек и собак резали.

Евгений Николаевич улыбался и бормотал;

— Очень рад — случай — так неожиданно — вы извините.

— А помните, — продолжал лекарь, — как мы собачонке сторожа Сычева перерезали пневмогастрический нерв — закашляла голубушка.

Евгений Николаевич сделаж гримасу, посмотрел в окно и, откашлянув раза два, спросил меня: — Вы давно изволили оставить Россию?

— Пятый год.

— И ничего, привыкаете к здешней жизни? — спросил Евгений Николаевич а покраснел.

— Ничего.

— Да—с, но очень неприятная, скучная жизнь за границей. —

Ив границах, — прибавил развязный лекарь.

Вдруг, чего я никак не ожидал, мой Евгений Николаевич покатился со смеху и, наконец, после долгих усилий успел настолько успокоиться, чтобы сказать прерывающимся голосом:

— Вот Филипп Данилович все со мной спорит, ха—ха—ха, я говорю, что земной шар или неудавшаяся планета, или больная; а он говорит, что это пустяки; как же после этого объяснить, что за границей и дома жить скучно, противно, — и он опять расхохотался до того, что жилы на лбу налились кровью.

Лекарь лукаво подмигнул мне с таким видом превосходства, что мне стало его ужасно жаль.

— Отчего же не быть больным планетам, — спросил пресерьезно Евгений Николаевич, — если есть больные люди?

— Оттого, — отвечал лекарь за меня, — что планета не чувствует; где нет нервов, там нет и боли.

— А мы с вами что? да для болезни нервов и не нужно, бывает же виноград болен и картофель? Я того и смотрю, что земной шар или лопнет, или сорвется с орбиты и полетит. Как это будет странно, и Калабрия, и Николай Павлович с Зимним дворцом, и мы с вами, Филипп Данилович, все полетит, и вашего пистолета не нужно будет. — Он снова расхохотался и в ту же минуту продолжал, с страстной настойчивостью обращаясь ко мне: — Так жить нельзя, ведь это, очевидно, надобно, чтобы что—нибудь да сделалось; лучше планете сызнова начать; настоящее развитие очень неудачно, есть какой—то фаут[36]. При составе, что ли, или когда месяц отделялся, что—то не сладилось, все идет с тех пор не так, как следует. Сначала болезни были острые; каков был жар внутренний во время геологических переворотов! Жизнь взяла верх, но болезнь оставила следы. Равновесие потеряно, планета мечется из стороны в сторону. Сначала ударилась в количественную нелепость; ну пошли ящерицы с дом величины, папоротники такие, что одним листом экзерциргауз покрыть можно, ну, разумеется, все это перемерло, как же таким нелепостям жить. Теперь в качественную сторону пошло — еще хуже — мозг, мозг, нервьь, развивались, развивались до того, что ум за разум зашел. История сгубит человека, вы что хотите говорите, а увидите — сгубит.

После этой выходки Евгений Николаевич замолчал. Подали завтрак, он очень мало ел, очень мало пил и во все время ничего не говорил, кроме "да" и "нет". Перед концом завтрака он спросил бордо, налил рюмку, отведал и поставил ее с отвращением— —. — Что, — спросил лекарь, — видно, скверное?

---

[36] промах, ошибка (от фр. faute)

— Скверное, — отвечал пациент, и лекарь принялся стыдить трактирщика, бранить слугу, удивляться корыстолюбию людей, их— :эгоизму, упрекал в том, —что трактирщики берут 35 процентов и все—таки обманывают, г Евгений Николаевич равнодушно заметил, что он не понимает, за что сердится лекарь, что он с своей стороны не видит, отчего трактирщику не брать 65 процентов — если он может, и что он очень умно делает, продавая скверное вино — пока его покупают.

Этим нравственным замечанием кончился наш завтрак.

III

Поврежденный с самого первого разговора удивил меня независимою отвагой своего больного ума. Он был явным образом "надломлен", и хотя лекарь уверял ме—, ня, что он во всю жизнь не имел ни большого несчастия, ни больших потрясений, я плохо верил в психологию моего доброго прозектора.

Мы поехали вместе в Геную и остановились в одном из дворцов, разжалованных в наш мещанский век в отели. Евгений Николаевич не показывал ни особенного интереса к моим беседам, ни особенного отвращения от них. С доктором он беспрестанно спорил.

Когда темные минуты ипохондрии подавляли его, он удалялся, запирался в комнате, редко выходил, был желто—бледен, дрожал, как в ознобе, а иногда, казалось, глаза его были заплаканы. Лекарь побаивался за его жизнь, брал глупые предосторожности, удалял бритвы и пистолеты, мучил больного разводящими и ослабляющи—мш нервы лекарствами, сажал его в теплую ванну с ароматической травой. Тот слушался с желчной и озлобленной страдательностью, возражая на все и все исполняя, как избалованное дитя.

В светлые минуты он был тих, мало говорил, по вдруг речь его неслась, как из прорвавшейся плотины, перерываемая спазматическим смехом и нервным сжатием горла, и потом, скошенная середь дороги, она останавливалась, оставляя слушавшего в тоскливом раздумье. Его странные парадоксальные выходки казались ему легкими, как таблица умножения. Взгляд его действительно был верен и последователен тем произвольным началам, которые он брал за осноТзу.

Он много знал, но авторитеты на него не имели ни малейшего влияния, это всего более оскорбляло хорошо учившегося лекаря, который ссылался как на окончательный суд на Кювье или на Гумбольдта.

— Да отчего мне, — возражал Евгений Николаевич, — так думать, как Гумбольдт. Он умный человек, много ездил, интересно знать, что он видел и что он думает, но меня—то это не обязывает думать, как он. Гумбольдт носит синий фрак — что же, и мне носить синий фрак? Вот небось Моисею так вы не верите.

— Знаете ли, — говорил глубоко уязвленный доктор, обращая речь ко мне, — что Евгений Николаевич не видит разницы между религией и наукой — что скажете?

— Разницы нет, — прибавил тот утвердительно, — разве то, что они одно и то же говорят на двух наречиях.

— Да еще то, что одна основана на чудесах, а другая на уме, одна требует веры, а другая знания.

— Ну чудеса—то там и тут, все равно, только что религия идет от них, а наука к ним приходит. Религия так уж откровенно и говорит, что умом не поймешь, а есть, говорит, другой ум, поумнее, тот, мол, сказывал вот так и так. А наука обманывает, воображая, что понимает как... а в сущности, и та и другая доказывают одно, что человек не способен знать всего, а так кое—что таки понимает; в этом сознаться не хочется, ну, но слабости человеческой, люди и верят, одни Моисею, другие Кювье; какая поверка тут? Один рассказывает, как бог создавал зверей и траву, а другой — как их создавала жизненная сила. Противуположноеть не между знанием и откровением в самом деле, а между сомнением и принятием на веру.

— Да на что же мне принимать на веру какие—нибудь патологические истины, когда я их умом вывожу из законов организма?

— Конечно, было бы не нужно, да ведь ни вы и никто другой не знает этих законов, ну так оно и приходится верить да помнить.

В мире не было человека, менее способного ладить с вашим чудаком, как лекарь, он вовсе не был глуп, но принадлежал к числу тех светлых, практических умов, улов подкожных, так сказать, которые дальше рассудочных категорий и общепринятых мнений не только не идут, но и не могут идти. Он удивлялся, как я мог иной раз— артистически наслаждаться разговорами Евгения Николаевича и брать его сторону; я утешал его, говоря: "Свой своему поневоле брат".

— Однако некоторые законы организма нам известны, — возражал защитник наук.

— Какие же, например?

— Мало ли — я не знаю, — да чтобы далеко не искать — вот вам общий закон: все родившееся должно умереть.

— Зачем же? — возразил Евгений Николаевич, — что за долг умирать? Да это и не закон, это так, факт; внутренней необходимости никакой нет в смерти; неужели вы думаете, что медицина не дойдет до того, чтобы продолжать жизнь до бесконечности?

При этом вопросе и я, грешный человек, взглянул на пего почти так же, как доктор.

— Я много встречал людей, — заметил я в свою очередь, — верящих и не верящих в бессмертие души, но вы первый, который не верите в смертность тела.

— Как не верить, я не то говорю — я только не вижу никакой серьезной необходимости в смерти. Жить — значит есть окружающее; если пища будет поддерживать химический процесс, он и продолжится. Если пища будет мешать костям каменеть, хрящу делаться костью, крови становиться гуще или жиже, нежели надобно, на что ;не умирать? Родившееся должно жить; оно умирает не потому, что родилось, а потому, что не ту пищу нужно. Следует ли теперь из того, что мы плохие повара, что смерть нельзя удалить на бесконечное время? Жизнь лучше не просит, как продолжаться.

— Со стороны, послушаешь, точно будто и дело, — сказал Филипп Даииловач. — А вот как нам быть с этим, если медицина дойдет до того, что людей будут лечить от смерти; а планета, которая, по—вашему, сильно хиреет, совсем зачахнет и умрет, странное будет положение, переезжать придется на Луну или прямо на Венеру.

Вопрос этот несколько смутил Евгения Николаевича, он задумался, походил по комнате и потом с видом человека, доискавшегося до важного разрешения, ответил:

— Tout bien pris[37] болезнь не так глубока, я, может, ошибался; во—первых, уж то хорошо, что болезнь специальная — один только род человеческий ею поражен. Да и род—то человеческий не весь болен. Это местная болезнь, эндемическая[38], в одной Европе. Так, как колера идет с берегов Инда, чума с берегов Нила, желтая лихорадка с устьев

[37] Приняв все во внимание (фр.)

[38] свойственная данной местности (от греч, endemos — местный, туземный)

Миссисипи, так.болезяь исторического развития идет из Европы. Как только люди коснутся этой проклятой земли, так их мозг и поражается болезнию. С пелазгов, с греков начиная и до нашего времени. Англия разнесла заразу по всему земному шару. Чего Австралия — совсем негодный материк, и тот не оставляют в покое. В Африке жить нельзя европейцу — так по закраине поселились — вот вам за холеру да за чуму, это уж не зуб за зуб, а челюсть за зуб.

— Вы так рассуждаете, — сказал я ему шутя и взяв его за обе руки, — что я нисколько не удивлюсь, если после вашего возвращения Николай Павлович сделает вас министром народного просвещения.

— Не обвиняйте меня, пожалуйста, не обвиняйте, —возразил он с чувством, — и не шутите над моими мыслями. Я сам шутил над Руссо и знаю, как Вольтер ему писал, что учиться ходить на четвереньках поздно. Трудом тяжелым и мученическим дошел я до того, что повял, откуда все зло, — понял и сам оробел; я никому не говорил, молчал, по когда страдания и плач людей становились громче и громче, зло очевиднее и очевиднее, тогда я перестая прятать истину. Мы погибшие люди, мы жертвы вековых отклонений и платим за грехи наших праотцев, где нас лечить! Будущие—то поколения, может, опомнятся.

— Итак, a la fin des fins[39], выздоровление человека начнется тогда, когда вместо прогресса люди пойдут вспять с целью зачислиться со временем в орангутанги, — сказал лекарь, закуривая свежую сигару.

— Приблизиться к животным не мешает, после неудачных опытов сделаться ангелами. Все звери рассчитаны по среде, в которой жить должны, перестановки почти всегда гибельны. Речная вода для нас приятнее и чище морской, а пустите в нее какого—нибудь морского моллюска — он умрет. Человек вовсе

---

[39] в конце концов (фр.)

не так богато одарен природой, как воображает; болезненное развитие его нервов и мозга увлекает его в жизнь, ему не свойственную, высшую, в ней он Гибнет, чахнет, мучится. Где люди переломили эту болезнь, там они успокоились, там они довольны и были бы счастливы, если бы Их оставляли в покое. Посмотрите на эти ряды поколений где—нибудь в Индии, природа им дала все с избытком, язва государственной и политической жизни прошла, болезненное преобладание ума над другими отправлениями организма утихло; всемирная история их забыла, и они жили так, как людям хорошо живется, так, как людям возможно жить до проклятой Ост—Индской компании, которая все перепортила.

— Впрочем, — заметил лекарь, — толпа почти так и у нас живет.

— Это было бы важнейшее доказательство в мою пользу, то, что вы называете толпой, это—то и есть человеческий род; но толпе не дают жить так, как она хочет, — вот беда—то в чем. Просвещение страшно дорого стоит; государство, религия, солдаты морят с голоду нижние слои; да чтобы окончательно их сгубить, развешивают перед их глазами свои богатства, они развивают в них неестественные вкусы, ненужные потребности и отнимают средства удовлетворения даже необходимых; какое печальное, раздирающее душу положение! Снизу кишит задавленное работой, изнуренное голодом население, сверху вянет и выбивается из сил другое население, задавленное мыслию, изнуренное стремлениями, на которые так же мало ответа, как мало хлеба на голод бедных. А между этими двумя болезнями, двумя страданиями, между лихорадкой от другой жизни и чахоткой от сумасшедших нерв, между ними лучший цвет цивилизации, ее балованные дети, единственные люди, кое—как наслаждающиеся, кто же они? Наши помещики средней руки и здешние лавочники. Но природа себя в обиду не дает... она клеймит за измену не хуже всякого палача... — продолжал он, ходя по комнате, и вдруг остановился перед зеркалом: — Ну, посмотрите на эту рожу — ха—ха—ха, ведь это ужасно, сравните любого крестьянина нашего со мной, новая varietas[40], которую Блуменбах проглядел, "кавказско—городская", к ней принадлежат чиновники и лавочники, ученые, дворяне и все эти альбиносы и кретины, которые населяют образованный мир — племя слабое, без мышц, в ревматизме, и притом глупое, злое, мелкое, безобразное, неуклюжее — точь—в—точь я, старик в тридцать пять лет, беспомощный, ненужный, который провел всю жизнь, как кресс—салат, выращенный зимой между двух войлоков — фу, какая гадость! Нет, нет, так продолжаться не может, это слишком нелепо, слишком гнило. К природе... к природе на покой, — полно строить и перестроивать вавилонскую башню общественного устройства; оставить ее, да и кончено, полно домогаться невозможных вещей. Это хорошо влюбленным девочкам мечтать о крыльях, von einer besseren Natuf, von einem andern Sonnenlichte[41]. Пора домой на мягкое ложе, приготовленное природой, на свежий воздух, на дикую волю самоуправства, на могучую свободу безначалия.

— Так это уже просто врассыпную по лесам? — заметил Филипп Данилович.

— Люди всегда будут жить стадами, — ответил док—торально наш чудак.

— Евгений Николаевич, — прибавил я, — а ведь как люди—то надуют философию истории и учение о совершенствовании, когда они вылечатся от хронической болезни historia morbus[42] и начнут жить мирными стадами? —

Да, да, — с восторгом подхватил он, — Кондорсе—то с своей книжкой, ха! ха!

И Евгений Николаевич, раскрасневшийся в лице, с жилами,

---

40 разновидность (лат.)

41 о лучшей природе, об ином солнечном сиянии (нем.)

42 болезнь истории (лат.)

налившимися кровью на лбу, вдруг сморщился, сделал серьезный вид и упорно вамолчал.

IV

— Вы там что ни толкуйте, Филипп Данилович, а в истории вашего больного есть какие—нибудь странные события, — сказал я раз доктору, гуляя с ним по мраморной террасе у моря.

— Ну да как не быть чего—нибудь, кто же до тридцати пяти лет доживал без каких—нибудь неприятностей.

— Какие же, однако, были у него неприятности? — Я важного ничего не знаю. Вы сами видите, какой организм, нервы почти наруже, всякая всячина его раздражает, крови нет, от природы слаб, пищеварение скверное, матери было за сорок лет, когда он родился, да еще по смерти отца, форсепсом полуживого достали. А тут петербургский климат, богатство, английская болезнь, глупое холенье довоспитали. С родными он никогда особенно близок не бывал; оно и не мудрено, он давно уже занимается болезнию земного шара и излечением рода человеческого от истории, а те думают, как бы побольше денег слупить с крестьян. Разумеется, хозяйство шло у него через пень—колоду; сестра жила на его счет и теперь на его счет всю семью содержит, да это его и не заботит, благо конца нет деньгам. Сначала, говорят, он жил покойно, занимался науками, не выходил почти никогда из своей половины, пристрастился к музыке, читал всякую всячину, только на службу никак не хотел. Потом, говорили, какая—то девчонка обманула его и обобрала. Он все становился пасмурнее, тяжелее для окружающих, ипохондрия развивалась, они его и спровадили.

— Какая же это девчонка его обманула?

— У вас так уж в голове и вертятся Вертер и Шар— лотта, письма, пистолеты — мечтатели и вы страшные; успокойтесь, история эта очень проста, Шарлотта была, сестрина горничная. Он презастенчивый и отроду не подходил близко к женщине, не знаю уж, как там их бог. свел, только, говорят, он, ее любил, воображал, что чудо открыл, кантатрису[43], а она как—то, сговорившись с любовником, обокрала его — вот вам и весь роман. Я видел ее перед отъездом, так, неважная, а впрочем, недурна, если бы мы дольше остались в Петербурге, я, так и быть, приволокнулся бы. за ней. Больше я не мог ничего добиться от моего патолога, мне было досадно, что он так, играя, скользит по жизни, досадно, а может, и завидно...

Стройная, высокая генуэзка в черном платье и покрытая белым, длинным, прикрепленным к косе вуалем, шмыгнула мимо нас, незаметно улыбнулась, прищурила глаза и быстро прошла.

— Ah, die bellezza, che bellezza![44] — закричал лекарь. Она обернулась и поблагодарила его тем грациозным, легким, чисто итальянским движением руки, которым они кланяются, и, как будто этого было мало, кивнула своей прекрасной головкой. Лекарь бросился за ней.

Я оставил его и пошел в Stabilimento della Concordia, Это самое изящное, самое красивое кафе во всей Европе. Там, бродя между фонтанами, цветами, при гремящей музыке и ослепительном освещении, переходя из мраморных вал в сад и из сада в залы, раскрытые al fresco[45], середь энергических, вороных голов римских иагнанников, середь бесконечных савойских усов и генуэзских породистых красавиц, я продолжал, думать о поврежденном.

---

[43] певицу (от фр. cantatrice)

[44] Ах, какая прелесть, какая прелесть! (ит.)

[45] настежь (ит.)

Вспоминая его речи и рассказ лекаря, я пошел к одному из маленьких столиков в саду и спросил границ. Увидя меня, человек, сидевший за ближним столом, поспешно встал, выпил наскоро свою рюмку ро—солио и собрался уйти. Это был слуга Евгения Николаевича, который так по—русски тянулся на козлах.

— Для чего ж вы это идете? Я вам не мешаю, ни вы мне.

— Помилуйте—с, — отвечал Спиридон, снявши шляпу, — оно нашему брату не приходится, то есть с господами.

— Ведь вы теперь не в Петербурге я не в Москве. Пожалуйста, наденьте вашу шляпу и останьтесь — или я уйду.

Он остался и надел шляпу, но садиться не хотел никак.

— Да ведь вы сидели же прежде меня, почем вы зпаете, кто были ваши соседи, может, князья какие—нибудь? — спросил я.

— Это точно—с. Но ведь вы русские, а те что жо — тальянцы—с.

"Voila raon homme"[46], — подумал я и потребовал у камериера графинчик марсалы и две рюмки.

— Что это ваш Евгений—то Николаевич здоровьем эдак расстроен; жаль его, такой, кажется, хороший человек.

— Это—с, позвольте вам доложить, таких господ на редкость, самый душевный—с характер. Как же не жаль—с, оченно даже жаль; мыслями всё расстроивагот—ся... такой нраве. Все изволют в сердцу брать и никакой отрады не имеют. Бывало, когда им на душе нехорошо сделается, сядут за клавикорд — то есть так играли, что не уступят любому музыканту в александ—рыгяском оркесте. Господа, прекрасно одетые, барыни, настоящие, останавливались иной раз на улице. Бывало, в передней сидишь, сердце радуется, каково наш—то

[46] Вот нужный мне человек (фр)

отличается.Иногда так жалобно играют, что даже истома возьмет — отменно играли. Ну, впрочем, как оставили музыку, так больше стали сбиваться, по нашему замечанию.

— Да разве он совсем не играл дома последнее время? — Больше двух годов—с. Раз София Николаевна, сестрица их, бымши в их комнате, отворили клавикорд и так взяли одну акорду: "Вечерком красна девица". А Евгений Николаевич только глухо сказали: "Зачем это вы, сестрица, боже мой". Да так, как пласт, и упали, потом сделались спазмы, слезы и смех—с — с полчаса продолжалось. Дохтур говорит, нервы у них так расстроены, не могут слышать музыки. Так с тех пор наш дом и замолк—с. А "им все хуже; в лице много, перемены, стареют... так жаМ, что сказать нельзя, больше все молчат, а иногда словр одно скажут: "Ты устал, чай, Спиридон, поди—ка да тййг", таким трогательным голосом, и взгляд такой дЫэрой у них сделается, и, видно, самим—то им плохо, наболело на сердце; вот те и богатство и все, — иной раз, доложить вам откровенно, слеза прошибет.

— Мне Филипп Данилович говорил, что у Евгения Николаевича какая—то история была с горничной.

— Дело точно было—с. И она, эта самая Ульяна, доводится мне сродни, племянница, сестрина дочь. Наварила каши, чего сама не стоит, — а добрейшая душа была, ей—богу—с. Жаль, что барин тогда так к сердцу приняли и огорчились. ПростЪ дуру следовало проучить, и все тут; и она благодарить стала бы потом, ей всего было лет восемнадцать, какой ум в эти лета, к тому же баловство—с.

— Да в чем же дело—то?

— Извольте видеть, Ульяна эта у Софии Николаевны при комнате находилась, и барыня ее жаловали, умница такая была. Был у нас тоже—с человек Федор, человек пьющий, но, впрочем, играл на скрыпке отменно; только рука уж очень дрожала от горячих напитков, а чести был примерной. Вот

Федор этот возьми в обучи песни петь Ульяну, голосом она брала—с и ни музыку препонятливая. Так это шло, год—другой, и никто подумать не мог, что за катавасия выйдет. Барин наш слышали несколько раз, как Ульяна поет, и говорят сестрице: "Ведь это клад, дайте ей, мол, вольную, а я ее певицей сделаю". Вот, извольте заметить, какая душа, не хотели, чтобы, обучимшись, крепостной осталась. Сестрица им в глаза смотрели: "Сейчас, мол, Ешо—ша", — и отпускную совершила. Учитель ходил из немцев, иной раз с нами вступал в разговор, шинель когда подаешь или что, приостановится, не гордой был, простой, — вот как вы теперь изволите, примером, со мной разговаривать. "Ну, — говорил он, — а помещик ваш в музыке собаку съел, мне у него учиться приходится, и голос у фрейлен Юльхен очення прекрасен; да и глаза—то у нее недурны, философ—то ваш знает, где раки зимуют". Ну, так, бывало, посмеемся для балагурства, а то в самом—то деле он у нас вел себя, как красная девица, только к церкви не был прибежен и постов це соблюдал. Однако мы стали замечать уж и промеж себя, что Евгений Николаевич очень руководствуются Ульяной. Уж и сестрица—то перепужались, что, мол, много воли заберет. Но только она никому вреда пикогда не делала и смысла не имела о том; так, детской, пустой нрав, безосновательной — поет себе, бывало, день—деньской да конфект накупит — а грубого слова никто не слыхал, со всеми преласковая была.

К тому случаю у Евгения Николаевича будь камердинером Архип. С детства при них состоял, только был года четыре помоложе, казачком так поступил с малолетства к Евгению Николаевичу на половину. И кто его знает, како.й человек, не то что дурной, а безалаберной и нерегулярный. Пить пойдет, весь дом поит до положения риз и с себя все спустит, часы, жилетку, исподнее. Барин его жаловали очень, с детства, например, росли вместе, и что ему давали — невероятно, они же забывчивы. Евгений Николаевич ему верили, как самому себе, Вот этот самый Архип и сбил с толку Ульяну. Мудрено ли глупую девку с ума свести, а уж это до добра в доме никогда не доводит; на стороне разве мало есть, слава богу, этого снадобья довольно, Петербург не клином сошелся. Сначала все шло благополучно, вдруг только случись такая беда, что у нас в доме отродясь не бывало; у барина из шкатулки пропало две тысячи рублев. Евгений Николаевич, изволите видеть сами, какой человек, самый бессчетный, они бы, может, и не догадались, но деньги—то следовало сестрице отдать, они их и приготовили с вечера, утром хвать—по—хвать, а денег нет. Поднялся в доме гвалт, Архип наш суетится, ищет, платья швыряет, волосы на себе рвет — денег нет. Барин—то и ничего, словно не его дело, но София Николаевна расходилась, говорит, это дело Федьки—музыканта, он все пьян, откуда деньги берет. Так—с женское рассуждение, видите, на вино эдакой куш украл. Взял я смелость и говорю: "Вы меня простите, барыпя, а, только Федор человек слабый, точно, но вором не будет, я его с малолетства знаю". — "Ты, говорит, молчи да за себя отвечай", — и Федора отправили при записке во вторую адмиралтейскую. Жаль мне стало старика, так мочи нет, сошел я в людскую, да в говорю: "Ребята, если вор дома, следует его сыскать и выдать, а старого человека и невинного не приходится отдать на терзание, хоша на то и барская воля, но мы в очистку себд и его, вора, поймать должны". Все наши говорят в одно слово — как не сыскать вора, коли дома. Ну, думаю, постой, не уйдешь ты, голубчик, от нашего глаза, а сам пошел наверх и присматриваюсь часок—другой, так, как будто не мое дело. Вижу я—с эдак в Архипе перемену. Э, брат. это не модель, суетится слишком. Архип, ищет после обеда за диваном, изволите знать, у нас что называются турецким диваном, подушки по стене. "Что, мол, ты это, Архип, хлопочешь?" — "Да что, говорит, все эти проклятые деньги, такая беда". — "Да как же, мол, деньгам попасть за диван?" А он мне в ответ: "Да вот, мол, подите, с полоумного спрашивайте отчет, все побросает, а потом ищи за ним, да еще, чего доброго, скажут, что кто—нибудь украл".

Посмотрел я ему в глаза, вижу — взгляд нехорош, ну, думаю, была не была — то есть Федора мне было смерть жаль, да и на дом похула нехороша — я таки, не говоря худого слова, хвать его в грудь, да и на пол, тут я его коленкой прижал, да и говорю: "Ну, признавайся, мошенник, твое это дело, а других не марай и за себя не губи". Он так оторопел, что ни слова. На этот шум выходит барин. Я ему докладываю: "Батюшка, мол, Евгений Николаевич, извольте меня на поселенье послать, как угодно, а деньгам вашим вор не кто иное, как Архип". — "Да ты, братец, пьян, — барин—то мне в ответ, — оставь его, как вором называть?" — "Нет—с, говорю, воля ваша, а я не пьян и до квартального надзирателя его не пущу. Что Федора, невинного человека, сестрица ваша отправила в часть, это бог рассудит. А вор ваших денег вот". Барин эдак приостановился, подумал и таким тихим и грустным голосом сказал: "Архип, неужели в самом деле?" Не выдержал Архип, в три ручья валился, рванулся от меня и барину в ноги: "Виноват, говорит, кругом виноват и запираться не намерен. Запутался я в одном нечистем деле, мне приходилось в острог идти или выкупиться, — ну, лукавый подтолкнул меня. Готов я всякое наказание принять, а деньги ваши, Евгений Николаевич, еще целы". При этом он в азарте, расплаканный, вытащил из кармана ассигнации, завернутые в бумажку, и подал.

Барин все время не говорили ни слова, только, взямши деньги, они вздрогнули и вышли вон. А Архип так й взвыл: "Посажу себе пулю в лоб, не хочу больше гаре мыкать, лучшего я недостоин; господи, что я наделал, ведь деньги—то были завернуты в Ульянино письмо — сгубил я себя и ее". "Спиридон", — позвал барин из кабинета — я взошел. А Архип так и остался на коленях расплаканный, иидо самому мне жаль его стало. Барин стояли близь дверей, прислонимшись к стене, такой страшной, будто неживой, губы посинели; они два раза хотели что—то сказать — и не могли, голоса не было, — потом они так ручку приложили ко лбу — плохо—с им было. Собрались с силами, наконец, и говорят таким глухим голосом: "Спиридон, никто в доме не знает, что было. Так вот поди сюда, вот отпускная Архипа и еще отпускная, — тут они остановились, однако так и не сказали, — так ты им отдай, да устрой, чтобы сейчас из дому переехали, только сейчас, не мешкая, возьми сколько надобно денег из тех. Да ты, Спиридон, сделай это все помягче, понимаешь; ну, да хорошо, ступай", — прибавил он, видя, что слова—то не выходят.

Ну, уж как бедная Ульяна плакала, у меня сердце надорвалось. И взять ничего не хотела своего: "У меня ничего, говорит, нет собственного. Хоть бы взглянуть еще раз на него, прощенья бы попросить, руку бы поцеловать. Ведь как добр—то он был ко мне, как ласково смотрел — пусть бы, кажется, побил меня, все лучше бы было". — "Ну, я говорю, послушай, Уля, о том надобно было думать прежде, а теперь убирай—ка свои пожитки". Пока я с ней хлопотал, привел полицейский Федора, и комиссар с ним, говорит: "Сколько мы его ни принимались сечь, не признается, видно, деньги не он украл". Я посмотрел — Федор в лице нехорош. Комиссар говорит барыне: "Следует допросить других, на кого есть подозрение"; она пошла к братцу, что—то по—французски потолковали, вдруг она выходит в зал и говорит комиссару: "Представьте, какой случай: брат мой нашел деньги, мне, право, совестно, что вас даром обеспокоили", — "Помилуйте, это наша обязанность", — говорит коьшссар, а она ему красненькую да Федора приказала чаем напоить.

Я вечером взошел с докладом, барин сидел за столом, опершись на обе руки. Увидевши меня, он, как с испуга, вскочил, поднял руку и сказал: "Не нужно".

С тех пор и помину не было об этой истории. Тем дело, почитай, и кончилось. Ну только Федор слег в постель, да месяца через два и помер. Невинную душу "а—губила София Николаевна. Наше крепостное дело, не приведи бог!

— Я не понимаю в этой истории одною: как же Ульяна могла так сблизиться с Архипом — из ваших слов видно, что она Евгения Николаевича любила.

— Да еще как—с. Вот теперь третий год пошел, как она выбыла

из дома. Без слез ни разу не говорила о барине, Архип ей совсем опостылел; он, впрочем, ушел в солдаты охотником, мы об нем не слыхали после. Все ветреность—с и баловство. По нашему простому рассуждению, извольте видеть, Ульяна и не подумала, ей и в голову не приходило, что она барину в самом деле что—нибудь значит. Ведь все же он был барии, не могла же она его не бояться, быть его ровней, ее могла эдак вольной дух иметь с ним, как с Архипом, они же но характеру всегда серьезны бывали. Изволите сами знать, молодость кипит, все бы смехи да дурачества. Ну, Архин мелким бесом, бывало, рассыпается — и пляшет, и на торбане играет, и кроновским пивом потчует, и мороженым угощает, — всякой под богом ходит, оно нехорошо потачку давать, но так к слову, по человечеству рассудить, так оно и понятно. В самый день нашего отъезда, утром из ресторации с Сучка, где мы обыкновенно чай пивали, прибегает за мной половой, говорит: "Барыня нас требует какая—то", что, думаю, за пропасть, однако пошел. Смотрю, Ульяна сидит и опять заливается слезами. "Дяденька, говорит, уладьте, как хотите, мне хоть бы взглянуть на Евгения Николаевича, и что у них за сердце за жестокое, что гневаются так долго; меня, говорит, в театр в хористки взяли, ему ведь я обязана, что петь обучил. Хоть бы поблагодарить, слово одно сказать, камень точно на сердце. Да еще Василиса говорит, что и болезнь их все через меня — жизнь мне не мила". Не хотелось мне долго барина беспокоить, но вижу, она никакого интереса не имеет, а сильно кручинится, думаю, что же, головы не снимет. Вхожу в кабинет, Евгений Николаевич, как обыкновенно, сидят в задумчивости, вид ничего, добрый. Я, эдак, немного позамямшись, говорю: "Да вот еще, Евгений Николаевич, я осмелюсь доложить, так уж очевнно меня просила"; вдруг у них глаза так сверкнули, лицо переменилось. Я поскорее за чемодан. Она потом, бедняжка, в людской спряталась, чтобы в окно взглянуть, когда мы поедем, тут я Филиппу Даниловичу ее показывал...

— Я вам очень, очень благодарен, — сказал я Спи—ридону, —

ну, пойдемте—ка в наше Groce di Malta да выпьемте последнюю рюмку марсалы за здоровье бедной Ульяны. Мне ее жаль, несмотря ни на что.

— Точно—с, не наше дело чужие грехи судить, и за ваше, сударь, здоровье с тем вместе, — прибавил Спиридон...

www.ingramcontent.com/pod-product-compliance
Lightning Source LLC
LaVergne TN
LVHW030216230826
846093LV00010B/483

* 9 7 9 8 8 8 9 4 2 3 0 5 8 *